Michel Foucault

David Macey

关键人物 · Critical Lives

福柯

〔英〕戴维·梅西 著
徐德林 译

著作权合同登记号 图字：01-2008-4800

图书在版编目（CIP）数据

福柯 /（英）戴维·梅西（David Macey）著；徐德林译 .—北京：北京大学出版社，2019.03

（关键人物）

ISBN 978-7-301-25719-7

Ⅰ.①福… Ⅱ.①戴… ②徐… Ⅲ.①福柯（Foucault, Michel 1926—1984）—传记 Ⅳ.①B565.59

中国版本图书馆 CIP 数据核字（2018）第 010297 号

Michel Foucault by David Macey was first published by Reaktion Books, London 2004, in the Critical Lives series.
Copyright © David Macey 2004
Simplified Chinese translation copyright © 2019 by Peking University Press.
All Rights Reserved.

本书中文简体字版经授权由北京大学出版社限在中华人民共和国境内（不包括香港特别行政区、澳门特别行政区和台湾）独家出版发行。

书　　　名	福柯 FUKE
著作责任者	〔英〕戴维·梅西 著　徐德林 译
责任编辑	李书雅　周彬
标准书号	ISBN 978-7-301-25719-7
出版发行	北京大学出版社
地　　　址	北京市海淀区成府路 205 号　100871
网　　　址	http://www.pup.cn　新浪微博：@北京大学出版社 @培文图书
电子信箱	pkupw@qq.com
电　　　话	邮购部 010-62752015　发行部 010-62750672　编辑部 010-627501
印　刷　者	天津联城印刷有限公司
经　销　者	新华书店
	787 毫米 ×1092 毫米　32 开本　7 印张　116 千字 2019 年 3 月第 1 版　2021 年 1 月第 2 次印刷
定　　　价	49.00 元

未经许可，不得以任何方式复制或抄袭本书之部分或全部内容。
版权所有，侵权必究
举报电话：010-62752024　电子信箱：fd@pup.pku.edu.cn
图书如有印装质量问题，请与出版部联系，电话：010-62756370

献给玛格丽特

目录 Michel Foucault

- 001　一　很少被说起的童年与青年
- 029　二　巴黎高师
- 057　三　《古典时代疯狂史》
- 083　四　知识的无意识
- 113　五　无法容忍
- 143　六　生存美学
- 175　七　死亡，不是失效

- 206　**主要参考书目**
- 212　**图片致谢**

米歇尔·福柯

一 很少被说起的童年与青年

楠泰尔（Nanterre）市中心有一条福柯医生街（rue du Dr. Foucault）。这条街如此命名是为了纪念19世纪的医生保罗·福柯（Paul Foucault），此君倾其一生为某乡村的平民服务，该村庄尚且不是巴黎市郊。人们对其几乎一无所知，除了知道他无愧于医师之称，廉价或免费替患者诊治，最后因而在贫穷中死去。他留给家人的唯一财产是一支银制钢笔，它是一群心怀感激的患者送给他的。银笔在这个家传了三代人，但最终被盗而不复得。该案受害者为丹尼斯·福柯（Denys Foucault），他是保罗-米歇尔·福柯（Paul-Michel Foucault）的弟弟。[1]

---

[1] 本章主要依据我在为《米歇尔·福柯的生活》（*The Lives of Michel Foucault*, London, 1993）做考察期间所进行的访谈。源自丹尼斯·福柯与路易·吉拉尔（Louis Girard）的其他信息源自载于《普瓦图－夏朗德新闻》（*L'Actualité Poitou-Charentes*, 第51期，日期不详）的访谈。为米歇尔·福柯四卷本《言论与写作集》（*Dits et écrits*, 又译《言与文》, Paris, 1994）卷一所准备的年表是基本的参照点。同时参见迪迪埃·埃里蓬（Didier Eribon），《米歇尔·福柯》（*Michel Foucault*, Paris, 1989）；詹姆斯·米勒（James Miller），《米歇尔·福柯的激情》（*The Passion of Michel Foucault*, London, 1993）。除非特殊说明，所有法语翻译都是出自我本人之手。

米歇尔·福柯及其兄弟姊妹并非巴黎或其近郊人氏。他们出生在普瓦捷（Poitiers）的一个外省富裕家庭，这里在首都西南方向，距离首都约 300 公里。福柯的母亲安妮·马拉佩尔（Anne Malapert）生于 1900 年，她的父亲是外科医生兼解剖学家，任教于该市医学院。她家境殷实，有优越的社会关系。她的堂兄让·普拉塔尔（Jean Plattard）曾在当地大学任教，后来应邀任职于巴黎索邦大学（Sorbonne），在那里他凭借他关于拉伯雷（Rabelais）、蒙田（Montaigne）及其他文艺复兴作家的学术著作，名声大噪。她哥哥保兰（Paulin）在一所巴黎高等学校教哲学，拥有博士学位，是 1907 年出版的一本颇受推崇的哲学教材的作者。她哥哥罗歇（Roger）选择了军旅生涯，官至上校军衔，第一次世界大战期间战功显赫。她家在离普瓦捷城 18 公里的旺德夫勒-杜-普瓦捷（Vendeuvre-du-Poitiers）村拥有土地，还拥有一座叫勒皮诺阿（Le Piroir）的大宅子。宅子依旧矗立在原址——一条长长的两边栽满了菩提树的车道的尽头。宅子与其说在传统意义上是漂亮的，毋宁说是令人难忘；它是用当地的石灰岩建造的，而石灰岩多孔，因此存在潮湿的问题。到安妮出生的时候，她家积累的财富已然足以在普瓦捷市中心的亚瑟·朗诗路（Arthur Ranc）10 号盖一座巨大的白色房子。1926 年 10 月 15 日，保罗-米歇尔·福

一 很少被说起的童年与青年

外省童年时光之地,普瓦捷全景

柯正是在这里出生。他是三个孩子中的老二。

1924年,安妮·马拉佩尔与年长她7岁的保罗-安德烈·福柯(Paul-André Foucault)成亲。保罗-安德烈·福柯出生在枫丹白露(Fontainebleau),继承了他父亲和爷爷等前辈的事业,是一位医生。他曾在一战(the Great War)中服役,被授予了英勇十字勋章(Croix de guerre)。移居普瓦捷之后,他任职于主宫医院(Hôtel-Dieu),在那里他作为一名解剖学家获得了良好声誉,开设了私家外科诊所。福柯医生和马拉佩尔的业务最终合二为一,蓬勃发展。新业务延伸到了普瓦捷之外很远的地方，覆盖了广大农村地区。福柯医生和他妻子于公于私都与利居热（Ligugé）附近的圣马丁修道院（St Martin's Abbey）的本笃会（Benedictine）社区建立了联系。因为业务繁重，福柯医生要长时间工作，经常离家在外；而医疗技术方面的情形则是这样的，即他管理有两辆车，一张折叠手术台只好用其中一辆的行李箱进行运送。必要时，他的司机还兼做麻醉师。

福柯家族绝非贵族，但福柯的父母都是当地有名的、备受尊重的市民。他们的财富源自自由职业酬金与地产田租的传统组合。而家庭中只要再出一位律师便能够光耀门楣。到20世纪30年代，他们已经有能力在大西洋海岸的拉波勒（La Baule）购买一处度假别墅。这个镇因为有大面积沙滩和松树，现在是无与伦比、价格不菲的度假胜地；但在20世纪30年代，虽然它已有一个娱乐场，但它相对而言是欠发达的，经常造访它的主要是来自南特（Nantes）和圣纳泽尔（Saint-Nazaire）的中产阶级家庭。

福柯的母亲原本希望成为一名医生，但这是不为社会习俗所容忍的：她这个阶级和背景的妇女是不工作的。因此，她把大量精力投入到了家庭之中。她独自料理家务、管理用人，并且在一个秘书的帮助之下，有效地管理诊所。这是非常重要的:医生既是医师,也是商人。她也承担了照顾孩子的全部责任。她和她丈夫对他们的孩子寄予厚望,时刻准备为了孩子的利益去动用他们的诸多家庭和职业关系。

保罗-米歇尔·福柯出身于一个同时享有社会声望和社会权力的家庭。亚瑟·朗诗路上的房子非常宽敞,三个孩子分别拥有他们自己的卧室。那里有一座花园,猫狗在那里安了家。一家人受人尊敬,政治保守,以一种相当传统的方

普瓦捷圣波尔谢尔教堂,做主日弥撒的地方

式上教堂,尽管通常是孩子们的祖母带他们去市中心的圣波尔谢尔教堂(Saint-Porchaire)做主日弥撒。保罗-米歇尔也是一个传统意识浓厚的家庭的孩子。长子总是叫"保罗",通常有一个带连字符的教名——"米歇尔",这是他妈妈的想法。他们都成为了内科医生或外科医生。

普瓦捷是维埃纳省(Vienne)首府,位于克兰河(Clain)和布瓦乐河(Boivre)交汇处的一个岩石岬角上。20世纪20年代中期,它的人口刚刚超过四万,几乎没有工业,其财富依靠肥沃的农业腹地产生。很多人发现这座城市闭关自守、对外来者漠不关心或者甚至心怀敌意。一些人的印象是数百年来,那里什么也未曾发生。城市的丰富古迹,尤其是其诸多罗马式教堂的外观,证明它有辉煌的过去,但它现在不过是一个寂静的穷乡僻壤。它的中世纪大街小巷还没有变成日后的观光胜地。医学院仅仅教授传统学位的前三年课程,此后学生们必须转到其他城市去完成学业。

尽管弥漫着令人昏昏欲睡的空气,但普瓦捷确有故事发生。从前,亚瑟·朗诗路叫圣母往见路(rue de la Visitation)。在走过21号的建筑的时候,保罗-米歇尔和比他小7岁的丹尼斯总会窃窃私语:"这就是故事发生的地方。"1901年5月23日,警方根据匿名密报,强行进入了宅子。在二楼的一间带铁条窗户的房间，他们发现了一位身形消瘦的妇女，她的头发长及大腿，躺在自己的排泄物中间。她叫布朗什·莫尼耶（Blanche Monnier），50岁。旋即，谣言开始不胫而走，而且尤其令人震惊的是，这家人非常受人尊敬：莫尼耶的父亲曾经是大学艺术系的主任。据说，布朗什曾与一位当地律师偷情，诞下了一个私生子。当她哥哥和母亲因为对她非法拘禁而出庭受审时，司法宫（Palais de justice）外面的群众要求对他们予以严惩。印有这座房子的明信片广为流传，而《插图》（*L'Illustration*）与《生活画报》（*La Vie illustrée*）等报纸则登载了发现莫尼耶的可怕的版画和照片。大报煽情渲染，被沿街叫卖。1930年，小说家安德烈·纪德（André Gide）出版了关于这个案子的权威纪实叙述，书名就叫《普瓦捷的囚徒》（*La Séquestrée de Poitiers*）。莫尼耶夫人在她可以出庭受审前一命呜呼，但布朗什·莫尼耶的哥哥则被宣告无罪。原本并不存在什么非法拘禁。莫尼耶得了厌食症，经历了一种奇怪的玄想，导致其得了严重的抑郁症，并离群索居。住院治疗确乎改善了她的身体状况，但她从未恢复她的理性，并于1913年去世。难以置信的是，福柯一家并不知道这个故事；完全可以想象的是，他们并不会过多谈论此事。

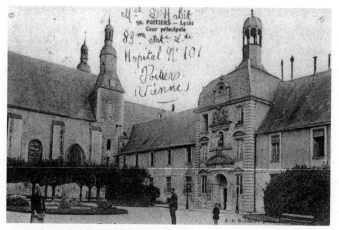

普瓦捷的中学,福柯家的孩子"天生要学习"

福柯很少说起他的童年时代,但他在 1975 年告诉一位电台记者,有时候他的印象是他成长于一种生存法则基于学识的环境之中。那是一个充满竞争的环境,其间重要的是比别人知道得更多,比别人表现得更好。[1] 他弟弟证实了这一点:福柯家的孩子"天生要学习",而且被期待要功成名就。这是没有半点夸张的。福柯四岁开始上学。弗朗辛(Francine)

---

[1] 'Radioscopie de Michel Foucault' (radio interview with Jacques Chancel, October 1975), in *Dits et écrits*, vol. I, p.783.

进亨利四世中学（Lycée Henri-IV）初级班的时候，他索性拒绝与他崇拜的、比他大两岁的姐姐分开。因为获得特许，他可以坐在教室的后面。这个神色寂寞的男孩留在那里，几乎是自己照顾自己，但他的确学会了阅读。在他的整个童年和青少年时代，学校就是他生活的全部，他几乎没有业余爱好。保罗－米歇尔喜欢网球，但他糟糕的视力和眼镜让他在场上处于不利地位。他也喜欢骑车，并经常骑车出门去看他住在勒皮诺阿的祖母。普瓦捷市中心人口稠密，空间难得。勒皮诺阿提供了玩耍和奔跑的空间。那里还有其他非常特别的吸引力，就是骑那头叫西拉诺（Cyrano）的驴子。

孩子们的教育在家庭中延续：私人钢琴课是理所当然的事情。1936年，一位英国保姆成为家庭一员，给孩子们上会话课。福柯似乎并未因为她的存在而受益匪浅，直到他在20世纪70年代开始经常访问美国的时候，他才精通了英语。除晚上的纸牌、书籍和收音机以外，几乎没有娱乐。到电影院去看《白雪公主和七个小矮人》（*Snow White and the Seven Dwarfs*, 1937）是非常稀罕的事情，每一次都让人久久难以忘怀。福柯医生的社会地位意味着他有义务娱乐，虽然丹尼斯·福柯回忆说，客人始终一成不变，就像谈话一样。孩子们并不喜欢接待客人。有时候，他们必须保持沉默；有时候,他们不得不礼节性地与他们几乎不认识的大人们谈话。非常正式的场合更合意,因为它们意味着孩子们单独用餐,处于一个远为放松的氛围里。[1]关于私事的谈话是令人沮丧的,交谈聚焦于孩子们的学习成绩。在1982年3月给法兰西公学院(Collège de France,又译法兰西公开学术院)做的一次演讲中,福柯提醒他的听众——其中很多人太年轻,不知道它源自个人经验——说,在他那个时代,孩子的教育主要是沉默中的学徒制:孩子可以在学校自由表达自己这一思想是为教育制度所禁止的。[2]

最初,保罗-米歇尔在学校教育系统中的进步是平稳的、令人鼓舞的。1936年,他进入亨利四世中学本部。他是一个有能力、受欢迎的学生,经常要么就是第一名,要么非常接近班上的第一名。世界似乎是可以信赖的、可以预测的。但是,即使作为一个孩子,福柯确曾感觉到外部世界正在影响他的生活,他发现外部世界是危险的。在1983年接受的一次坦率得令人吃惊的访谈中,他讲到了他没有忘记奥

---

[1] 'The Minimalist Self' (English-language interview with Stephen Riggins, 1983) in Michel Foucault, *Politics, Philosophy, Culture: Selected Writings, 1977–1984*, ed. Lawrence D. Kritzman (London and New York, 1988), pp.3–4.

[2] Michel Foucault, *L'Herméneutique du sujet: cours au Collège de France, 1981–1982* (Paris, 2001), p.325.

地利总理陶尔斐斯（Chancellor Dollfuss）在 1934 年的遇刺，以及逃离西班牙内战的难民来到普瓦捷的事情。战争的威胁感日益像是他生活的结构。他回忆说，所有年轻人都忧心忡忡，成年人的世界已然向他们证明，他们"无处藏身"。[1]他非常清楚在空袭中丧生的可能性。他不能肯定他长大后会是德国人还是法国人。[2] 1940 年，战争的威胁突然出现。当德国军队在比利时和法国北部快速推进的时候，道路上满是不知该逃向何方的逃难平民，以及士气低落、组织涣散的部队，他们中很多都群龙无首。6 月 17 日，贝当（Pétain）元帅要求停战，告诉残兵败将放弃战斗的时刻已然来到。法国将与德国媾和。北部和东部的大片国土被德国人兼并，而其余部分则被分为占领区与自由区，以温泉镇维希（Vichy）为首都。普瓦捷正好在占领区内，街上有德国士兵巡逻。

1940 年初夏，家族中巴黎一支的成员开始零星地来到普瓦捷，被安置在勒皮诺阿。难民中包括一位新近获得资格的医生，名叫雅克利娜·韦尔多（Jacqueline Verdeaux）。家族间的联系意味着她已认识福柯一家，还是小姑娘的时候，她就

---

[1] Michel Foucault, 'Veilleur de la nuit des hommes' (1963), in *Dits et écrits*, vol. I, p.230.

[2] 'The Minimalist Self', p.7.

曾坐过马拉佩尔上校(Colonel Malapert)的大腿。虽然她的医疗经验非常有限,但她立即被福柯医生暂时雇用了——在一所被征用的学校,福柯医生建了一家初级战地医院。因很快去了南部,她在普瓦捷逗留的时间并不长,但足以让她在米歇尔-保罗的姐姐的生日聚会上瞥见他:一个已经戴上眼镜、依然身着短裤的样子古怪的男孩。

虽然全家人私底下反对维希傀儡政府,但他们是识时务的人。他们没有公开表达他们的亲盟军观点,也不可能有任何表达:德国军官被安置在勒皮诺阿,直到他们被布防到东部前线。丹尼斯·福柯回忆说,他们曾被切切嘱咐**务必正确(Korrect)**,他们不折不扣地遵守着。亨利四世中学的教室里挂上了贝当的照片,现在,保罗-米歇尔的日子始于仪式性地吟唱令人作呕的赞美诗《元帅,我们在这里》(Maréchal, nous voilà),歌颂元帅。

虽然福柯在学校一直表现优秀,但他的学习成绩突然下降了;在1940年夏的学年考试中,他考得非常糟糕。让他沮丧和吃惊的是,他被告知必须重考。他弟弟暗示,一位新来的老师初来乍到就对保罗-米歇尔有了个人反感,甚至开始不公正地评判他的作业。也有人暗示,这个孩子被从巴黎疏散过来的远为成熟的让松-德-赛利中学(Lycée Jansonde-Sailly）学生的到来吓到了，他无法与他们匹敌。福柯夫人对她所感受到的对她儿子的不公正待遇非常愤怒，于是让他从该校转到了圣斯坦尼斯拉斯中学（Collège Saint-Stanislas，不可地避免地被称作"圣斯坦"）。这是一所教会学校，其管理者为基督教兄弟学校（Frères des Ecoles Chrétiennes），又被称作基督教兄弟（Frères Chrétiens）[在不那么恭维的意义上，被称作无知兄弟（Frères Ignorantins）]。虽然这所学校并不与当地的耶稣会学校（Jesuit College）享有同等地位，但它拥有相当好的名声。福柯夫人认为，它会比公立学校提供一个更为安定的环境，因为在私立教会学校任职的牧师与修士没有义务接受军事征召。她错了。1942年，保罗-米歇尔进入毕业班（Terminale，大致相当于英国中学的六年级），却得知迪雷牧师（Canon Duret）——他本该是福柯的哲学老师——因为参与地方反抗遭到了逮捕，被驱逐出境到了德国。甚至在他被逮捕前，他就已然对新政权表示出他的敌意——冒着巨大风险坚持把他教室里的贝当肖像悬挂在耶稣受难像的下方，而不是像规定要求的那样，在耶稣受难像的上方。

学校任命的代课老师是一位文学专家。福柯夫人认为哲学应由哲学家讲授，大声抗议说这不够令人满意。学校在利居热找到一位新老师。据描述,本笃师佩罗(Benedictine Dom Perrot)是饱学但教条的托马斯主义者(Thomist),对笛卡儿(Descartes)以降的现代哲学怀有敌意。在佩罗真正上任前不久,福柯夫人采取了为她儿子寻找一位私人教师的传统解决办法,去咨询了大学艺术系的主任。作为这次谈话的结果,20岁的路易·吉拉尔(Louis Girard)每周四来亚瑟·朗诗路教保罗-米歇尔哲学。因为吉拉尔尚未取得他自己的哲学学位,他仅仅能够刻板地重复他正在研究的康德(Kant)的稀释版。即便如此,他相信他的"学生"的确学到了一些东西,并且像许许多多人那样,对"学生"的学习能力留下了深刻印象。这个办法延续了一年多一点。1943年8月,吉拉尔被征召去了德国工作。

福柯在学校上的哲学课旨在为学生提供关于该学科的广博知识,而不是把他们引入专业的复杂难懂之处。该学科进一步细分为心理学、逻辑学与伦理学等分支。教学是基于由教育部批准的一个书目,而这个书目年复一年几乎没有变化。哲学源自希腊人,但占据首位的却是17和18世纪的哲学,其代表人物包括笛卡儿、帕斯卡尔(Pascal)、莱布尼茨(Leibniz)、康德、斯宾诺莎(Spinoza)、卢梭(Rousseau)和孔狄亚克(Condillac)等人。虽然克劳德·伯尔纳(Claude

Bernard，又译克劳德·伯纳德）与奥古斯特·孔德（Auguste Comte）确曾出现在教学大纲之中，但鲜有老师足够大胆地敢于深入19世纪，而20世纪尚未为哲学目的而存在。

1943年6月通过高中毕业会考（bac）之后，福柯自动获得了进入大学的资格，但他的计划与抱负正在发生变化。他现在希望继续研习哲学，下定决心要上精英的巴黎高师，这就意味着要为困难重重、竞争激烈的入学考试或者竞考（concours）而学习。"圣斯坦"没有竞考教学的师资和资源，福柯回到了他原来的中学。他是在尝试不可能之事。尽管亨利四世中学的教学水平很高，但外省学校的任何学生进入巴黎高师之难是众所周知的，因为巴黎高师主要从巴黎的几所名校招生。虽然几乎可以预料但让其同学非常吃惊的是，1945年春，福柯就差一点而没有通过竞考口试，因此未被许可参加笔试。

战争曲曲折折结束的时候，其他动荡尚存。福柯全家暂时搬出了他们的宅子。亚瑟·朗诗路就在火车站附近，而火车站是盟军轰炸机的显在目标。福柯医生和他妻子搬进了城里的租用房，而孩子们则被送到了勒皮诺阿。结果证明，这是一个英明的决定，因为宅子的附属车库被毁于1944年6月13日的一次空袭。和平的到来意味着福柯现在可以通过去巴黎学习而增加进入巴黎高师的机会。虽然这在某些方面是一种显而易见的策略，但并非没有困难。理论上，法国的中学是从按地域划分的学区招生的。实际上，始终有迂回路线。数量惊人的家庭热切盼望将其孩子送往特定的学校，如果他们突然发现在学区有亲戚，他们就可以使用亲戚的地址。究竟保罗-米歇尔·福柯如何取得了（巴黎）亨利四世中学的录取资格不得而知，但几乎可以肯定的是，他母亲插手了其中。这或许能解释那些为他做出的特殊生活安排。虽然亨利四世中学接受寄宿生，但福柯并非他们之一员。他在他母亲的朋友管理的私立学校的一个房间住了一年。

当时对任何人来说都不是去巴黎生活的最佳时节。食物配给制仍在实施；住房短缺严重；工业动荡不断恶化，尤其是在北部煤田地区；运输系统依旧一片混乱，人们出行艰难；战后的最初几个冬天出奇艰苦，所有燃料都供应不足。福柯在巴黎的第一年恐怕不易。他第一次独立生活，并且，虽然他经常不无理由地抱怨他来自一个令人窒息的外省家庭，但他一直都在一个非常安全、充满保护性的家庭里过着一种备受庇护的生活。他很少谈及生命中的这个时期，但在为竞考训练候选人的学习班（khâgne）里度过的一年却是他难得的一段怡人经历。那里没完没了的课程、复习和模拟考试,目的只有一个:通过竞考。福柯忍受了与社会绝缘的一年,这证明了他的近乎禁欲主义的容忍孤独能力,以及他的自给自足。

亨利四世中学位于克洛维街(rue Clovis),就在先贤祠(Panthéon)后面。它是一座有几分让人望而生畏的建筑,墙壁几乎就是毛坯立面,仅仅为一排排小窗户所点缀。唯一

巴黎亨利四世中学大门

的入口通向一个内部活动场地,场地周围是一排排浅褐色的截头树。建筑本身是一个由长廊和石梯组成的迷宫。虽然教室大到能容纳50人,但教学水平非常高。教福柯历史的是安德烈·阿尔巴(André Alba),他同时以博学与反对教会干预政治的共和主义而著称;教福柯哲学的是让·伊波利特(Jean Hyppolite)。他与伊波利特的首次接触仅仅持续了两个月,因为哲学家后来去了斯特拉斯堡大学(University of Strasbourg)任职,但这次接触影响了他一生。伊波利特或许是彻底改变了法国战后哲学面貌的最了不起的黑格尔主义哲学家。他也是一位杰出的雄辩家和演讲者。福柯回忆说,在课堂里听他讲课就像在听黑格尔本人讲话,甚至像在听哲学之声。[1]事实上,他是在听一个非常早期的黑格尔《精神现象学》(*The Phenomenology of Mind*)(伊波利特已经翻译了这本书)重要研究的口头版本,它将于1959年出版。在亨利四世中学的这一年产生了预期效果。福柯重考竞考的时候,名列全国第四。而口试似乎难以置信地具有象征性,它代表了他初遇将成为好友、对其工作和事业产生巨大影响的

---

[1] Michel Foucault, 'Jean Hyppolite, 1907–1968', *Dits et écrits*, vol. I, p.179.

一 很少被说起的童年与青年

一个人：乔治·康吉莱姆（Georges Canguilhem），中学哲学督学、斯特拉斯堡大学历史和科学哲学教授。康吉莱姆对他们的第一次会面什么也不记得了。福柯不过是即将被考查的一个候选人而已。

福柯刚好是来自很多年轻人反抗的那种背景。他对此种背景的个人反抗采取了两种形式。他痛恨被叫作"保罗－米歇尔"，总是简单地称自己为"米歇尔"，虽然为了公务和管理目的，他依旧叫"保罗－米歇尔"。或许这是对一位被很多人描述为直率、专制的父亲的反抗，但他的弟弟和姐姐二人却提供了一种别样的解释。在活动场所，"保罗－米歇尔"很容易被讹发为"波里希内儿"（Polichinelle）——小丑（Punchinello）一词的法语表达，可能成为关于"'波里希内儿'的秘密"（le secret de Polichinelle）的玩笑的基础。成年的福柯可能非常容易动怒；即使作为孩子，他被取笑时也决不友善。第二种反抗形式更为严肃。在 10 岁的早熟年纪，他宣布了他将不会遵照家庭传统，将不当医生：他打算当一个历史老师。与他家人，尤其是与他父亲的关系因此恶化变质了。实际上，这个孩子拒绝当医生并不让人感到意外，因为他从未对自然科学显示出任何兴趣，或者任何天赋。

有这样的一则传闻经久不衰，现在也不可能去证实或者证伪，那就是实际上是他父亲为了"让他成为一个男人"而坚持要他观看一次截肢手术，结果令他对医学极其厌恶。这次经历让他大病了一场。这一轶事并非难以置信，因为保罗·福柯似乎确实很喜欢死亡主题。他曾带着超现实主义画家安德烈·马松（André Masson）去看一个因为遭遇奇怪的伤害而露出部分脑膜的孩子的尸体；安德烈·马松是他通过一个彼此认识的人认识的，那人是他的患者。马松得到了灵感，画了一幅邪恶的旋转图送给这位医生。这幅画在米歇尔·福柯书房的墙上挂了很多年，现在为他弟弟所有。年轻的福柯也有几分喜欢医学的以死亡为主题的一面。至少有一次，他曾骑车到普瓦捷郊区的拉尔奈修会（Institut de Larnay）。修会建于19世纪中期，现在依然以一种截然不同的方式存在着；修会由修女管理，着力照顾那些她们称之为"被囚禁的灵魂"（souls in prison）的聋哑妇女。那里最著名的被收容者叫玛尔蒂·赫廷（Marthe Heurtin），她盲、聋、哑一样不差。度过极不容易的童年之后，她在1910年被送进了修会，至少被修女们教会了与他人进行某种交流。虽然拉尔奈修会在当时是一个进步的，甚至开拓性的机构，但它依旧紧握不放19世纪的一些更令人反感的习惯——有时候赫廷会被当众展示。据他弟弟说，福柯对她非常着迷。

一 很少被说起的童年与青年

无论截肢手术轶事的真相如何,众所周知,说服成年福柯去就医总是很难。虽然他与他父亲的关系很紧张,但他们间并没有真正决裂。福柯的父母不但期盼孩子们成功,而且给成功以奖赏。被问及他想要什么作为通过竞考的奖赏时,保罗-米歇尔立即提出了上德语课的要求。他在学校学过希腊语、拉丁语和英语,但没有学过德语。口试中,他曾因为一个源自一种他不会说的语言的词发音错误受到了批评,他决心不再让这种事情发生。家人为他找来了德语家教。

1946年,福柯离家去巴黎上中学,自此,直到他父亲在1959年去世,他都很少回普瓦捷,主要是因为他大部分时间都是在国外学习和生活。之后,他总是用每年的8月来陪伴他母亲。丈夫去世之后,福柯的母亲搬回了勒皮诺阿与福柯的祖母(去世于1961年7月)生活在一起,并且为了解决潮湿问题安装了中央供暖系统。在曾经是仆人居住的地方,一间书房和一间几近修道院的卧室永久地为米歇尔保留着。书房虽然陈设简陋,但却是修改书稿和改对校样的好地方。福柯总是在小黄瓜采摘的季节在勒皮诺阿居住;他给自己指派的任务之一就是在把小黄瓜泡进醋里之前洗擦它们,以储备一年的酸黄瓜供应。为花园浇水是每天的例行工作,背上沉重的水罐是一种即兴而为的举重形式。虽然福柯经常充满仇恨地谈论他的童年和他成长于其间的外省中产阶级，但他总是对这个地方有一些感情。1984年，当他即将死于艾滋病相关疾病的时候，他仍在计划购买勒皮诺阿附近村庄拉弗尔吕厄（La Verrue）的一处布局不规则的老式牧师住宅。

尽管他们有显著差异，但福柯确实在某些方面与他父亲相同。他经常把自己描述为"诊断专家"，把他的著述描述为对当下的诊断，而不是永恒真理的载体。一如他所承认的，"诊断"意象源自尼采，但他同时指出，写作的时候，他是在纸上探寻破坏性迹象，一如他父亲曾经在做手术时在身体上所探寻的："我已然将手术刀变为笔架。"[1] 确实，手术刀意象非常准确地描述了福柯的工作方式。他与其说是读书不如说是解剖书，以至于用摘取器官用于移植的方式摘取引言，然后把它们移植到他自己的著述中。

关于其童年时代，福柯通常保持缄默，很少在其著述中提及。像尼采那样，他通常认为"我是一回事，我的作品是

---

[1] 'Qui êtes-vous, professeur Foucault?' (interview with P.Caruso, 1967), in *Dits et écrits*, vol.I, p.606; unpublished interview (1966), cited in Philippe Artières, 'Dire l'actualité', in *Foucault: le courage de la vérité*, ed. Frédéric Gros (Paris, 2002), p.24.

一 很少被说起的童年与青年

另一回事"[1]，几乎从不言及他的个人生活。然而，在1967年接受的一次访谈中，他确曾透露他总是被一个噩梦困扰，其内容是读一个他读不懂的文本。他仅仅能够释解其中很小的一部分，但继续假装阅读它，尽管他知道他继续下去的时候，他是在编造文本。突然，整个文本变得模糊起来，他再也不能读懂它。这时，他感到喉咙被压制，然后苏醒过来。他从未对他的噩梦做出任何解释。[2]

倘若青年福柯的个人生活很少为人所知，那么他的性事（sexuality）则更加秘而不宣。1981年，他确曾说过他总是渴望得到男人，总是希望与男人发生性关系，并说直到20岁，他才找到他的第一个"朋友"。[3] 虽然这个朋友的身份至今尚未暴露，但邂逅一定是发生在巴黎。他之前是否有过性经验，这纯属个人臆测之事，但战前的普瓦捷绝不是试验之地，况且福柯的生活中几乎没有私人空间。他与路易·吉拉尔的谈话并不夹杂私密的悄悄话，他的导师并未洞悉学生的

---

[1] Friedrich Nietzsche, *Ecce Homo*, trans. R. J. Hollingdale (Harmondsworth, 1979), p.69.

[2] Michel Foucault, 'Sur les façons d'écrire l'histoire' (interview with Raymond Bellour, 1967), in *Dits et écrits*, vol. I, p.595.

[3] 'De l'Amitié comme mode de vie' (interview with R. de Ceccary. J. Danet and J. Le Bitoux, 1981), in *Dits et écrits*, vol. IV, pp.163–164.

取向。福柯与吉拉尔在战后保持着联系；1947年，吉拉尔在准备他自己的婚礼的时候，开玩笑说："下一个该你了。"福柯脸红了，吉拉尔霎时"明白了"。在被德军占领的法国，同性恋也是危险的。1942年8月，法国刑法典（Penal Code）增加了第334修正案（Amendment 334）。（可自主同意与他人发生性关系的）法定承诺年龄（the age of consent）被提到了21岁；与同性未成年人发生性关系可能被判监禁六个月到三年，罚款2000到6000法郎。沉溺于自愿性行为的未成年人可能遭到"相互严重伤害罪"（mutual aggravated assault）的起诉。自鸡奸罪在大革命期间被从法典中删除以来，这是将被实施的第一部恐同性恋法律。虽然第334修正案与维希政府强调"家庭价值观"相一致，但它也反映了这一信念，即第三共和国吃败仗是因为它从内部遭到了一种娇气、颓废的破坏，以及至少从暗示来看，是指同性恋文化的破坏。

就在动身去巴黎之前，福柯有一次非常重要的邂逅。让·皮埃尔（Jean Piel）这个人很可能是为"网络"一词而生的，他存在于不同世界彼此相交的地方。他生于1901或1902年（他始终拒绝说是哪一年），曾经研习过哲学和政治经济学，但从未有过学术生涯。他在文学沙龙里就像在教堂走廊里一样，无拘无束。他娶了梅克尔斯三姐妹之西蒙娜·梅克尔斯（Simone Maklès）。罗丝·梅克尔斯（Rose Maklès）嫁给了超现实主义画家安德烈·马松（André Masson），而西尔维亚（Sylvia）最初嫁给乔治·巴塔耶（Georges Bataille），后来嫁给了雅克·拉康（Jacques Lacan）。因此，皮埃尔非常接近日后的一个战后新先锋派的中心。他是一个掮客，虽然几乎不为大众所知，但在智识生活的幕后却非常有影响。

皮埃尔曾在 1940 年被俘，但 1946 年，他被任命为经济事务秘书长（General Secretary for Economic Affairs）派驻普瓦捷，任务是在那里重建交通运输系统，以及让那里恢复农业生产。皮埃尔已然依稀地知道福柯家族，这证明福柯家族关系延伸究竟有多广。在皮埃尔逗留于普瓦捷期间，他遭遇了一次车祸，为他实施手术的人是福柯医生。手术并不十分成功，他留下了严重跛脚的残疾，大大削弱了他的活动能力。当时，皮埃尔与福柯本人几乎没有直接接触，但他肯定注意到了福柯，后来从远处留意着福柯的进步。

虽然福柯从未再次在普瓦捷长住，并总是以蔑视的口吻言及他的中产阶级出身，但因为他的出生地、他家的价值观，他一直都是引人注目的。他的中学岁月给了他宝贵的财富，他轻松地熟悉了在社交中非常重要的古典法国文化。这位真诚又勤奋的学童长成了一个把智识工作看得非常重要的男人：出自福柯之口的"这就是工作"（ça, c'est du travail）确乎是高度赞扬。他的家庭向他灌输了某些社交技能；虽然他遭遇了抑郁发作和害羞侵袭的困扰，但他很少在他人面前不自在，总是能够与各色人等打成一片。他是一个愉快、细心的主人。他来自一个特权家庭，他认为这是理所当然的，这一背景给予了他信心，以及诸多宝贵的社交技巧。他从容不迫地接受荣耀与特权，差不多就像它们天然就是他的一样。

在外省中产阶级的世界里，财富无疑是重要的，但炫耀财富却被视为品位低下。按照当下的标准，中产阶级家庭家具繁多，装修过度，但招摇过市的粗俗奢侈品与炫耀性消费在当时也是遭人反感的。福柯从未遭过穷罪，他凭借高薪、版税以及演讲费富裕了起来。但是，他从未有过夸示财富的任何尝试。他通常穿着朴素，甚至马虎。让他倍感愉快的是，一位加拿大采访人在目睹这样知名的一位教授身着牛仔裤、白T恤及黑皮夹克漫步在多伦多大学校园的时候，表示了吃惊。[1]这位采访人或许没有意识到，这样的服装是公认的同性恋制服，至少在巴黎是如此。当然，福柯居住过

---

[1] 'The Minimalist Self', pp.11–12.

的各个公寓都安逸舒适，陈设得当，但它们也空旷到荒凉的地步，在很大程度上他就好像总是遵循"买只买贵的"（Buy little but buy expensive）这一中产阶级原则。沃吉拉尔街（rue de Vaugirard）上的公寓是以质朴无华的现代主义风格装饰的，几乎没有饰物；从1970年直到1984年去世，他一直居住在那里。福柯的书桌是用钢和玻璃做成的。在其大部分成年生活中，福柯都生活和工作在一个几乎单色的环境中；或许值得注意的是，他偶尔留在画作（他对绘画真正感兴趣）上的文字几乎不含对色彩的讨论。对外省中产阶级而言，金钱这个东西可以积累，但不可以谈论。福柯可能非常慷慨，经常为政治或者其他目的捐出大笔大笔的钱，但捐款都是非常谨慎地进行的，以便让它们几乎匿名。关于米歇尔·福柯，总是存在着几分中产阶级的谨慎魅力。

二 巴黎高师

巴黎高师成立于 1794 年,是法国的精英院校(Grandes écoles)或说名校之一。它的职责始终是保证全国最优秀的青年由最优秀的教师教授。一个 20 岁进入巴黎高师的学生,按理说可以在一年或两年之后获得第一个学位,第三年末参加教师资格会考(agrégation)。会考是法国竞争最激烈的考试,它是学术或与其相当的事业的通行证。福柯的同时代人及准同时代人便是典型例证。比福柯年幼一岁的罗贝尔·莫齐(Robert Mauzi),成为了著名的 18 世纪法国文学专家。让·拉普朗什(Jean Laplanche)和迪迪埃·安奇厄(Didier Anzieu)后来成为了声名显赫的精神分析师。阿兰·佩尔菲特(Alan Peyrefitte)进入了外交部门任职,后来官至部长级,而保罗·维拉尼克斯(Paul Villaneix)成为了历史学家米什莱(Michelet)的传记作者。福柯的朋友莫里斯·潘盖(Maurice Pinguet)的大半职业生涯是在东京担任法兰西之家(Maison de France）的主任，成为了受人尊敬的东方学家。巴黎高师不仅提供知识方面的学徒制（apprenticeship），而且为进入政治、哲学与文学交织于其间的世界提供门票。

福柯进入了一个男子寄宿机构。它是独立自给的，拥有自己的一流图书馆。像所有高师人一样，福柯非常清楚自己之所在是一所精英学校，它大大胜过了普普通通的索邦大学，虽然他也到索邦听课。属于精英的意识为肆无忌惮地使用一种令人费解的隐语所加强；在这种隐语中，三年级学生

巴黎高师大门

二 巴黎高师

被称为"**保守的人**"（cube），而校友被称为"**极端保守的人**"（archicube）。人们非常注重高师精神（l'esprit normalien）与**了不起**（briller）的必要，尤其是在口试中。对持怀疑态度的人而言，标准的高师精神意味着几乎能够就实际上无话可说的题目滔滔不绝或下笔千言。按照传统，学校的温室气氛将强烈的制度认同意识、团体精神（esprit de corps）与高水平的个人竞争力结合在一起。

学校是一个联系紧密的社区，尽管文科生和理科生往往是分开的。虽然福柯和他的高师同学们学习刻苦，但他们也纵情于恶作剧，坚持了往楼梯上扔水弹这一长期传统。学校远非奢华，甚至也谈不上舒适。乌尔姆街上的旧建筑急需修缮；学生们睡在四面透风的宿舍中，彼此以帘子为界。一日三餐是大家一起在食堂吃，饭菜并没有因为可口而被人说起。

在这样的一个相对较小的学校里，单个教师的作用是至关重要的；相当普遍的是，巴黎高师校友将某位颇具影响力的老师描述为其"导师"（maître）。就福柯而言，导师是路易·阿尔都塞（Louis Althusser），他是学校的哲学导师或"凯门鳄"（caiman）。阿尔都塞生于1918年，尚在进行从天主教到马克思主义的转向，还不为乌尔姆街之外的人所知。他既未寻求也未获得党内高位。阿尔都塞从来就不是公众人物，但作为老师，他的学术严谨和技能——他经常向在准备最后一年的会考的学生提供咨询——意味着他对他所教授的小团体影响巨大。他有严重的心理健康问题，这些问题后来经过诊断是因为狂躁抑郁症，所以，他定期到学校疗养院住一段时间。对官方而言，他在精神病院的定期休养只是短期休假。

像阿尔都塞一样，福柯有他自己的烦恼。他并不真正喜欢学校生活。他确实参与了恶作剧，以及用湿毛巾打闹，但他在巴黎高师的生活还有更为黯淡的一面。据传他曾有过自残行为，以及自杀未遂，患有严重的抑郁症，而且反复发作。虽然巴黎高师的确有学生几乎人人都罹患并助长神经症的文化，但情况在福柯身上更为严重。他严重酗酒。一些熟人暗示他也吸毒。很可能，他吸食的毒品烈不过印度大麻，而印度大麻对任何敢进入拉丁区格扎维埃-普里瓦街（rue Xavier-Privas）阿拉伯咖啡店的人而言，唾手可得。大家普遍认为，福柯抑郁的根本原因在于他难于接受他是同性恋。

1978年，福柯在一本同性恋杂志上发表了关于18世纪阴阳人赫尔克林·巴尔宾（Herculine Barbin）的回忆录；在讨论巴尔宾的时候，福柯讲述了生活在"即封闭又温暖的"

二 巴黎高师

封闭社会之中的"快乐的非身份",以及"仅仅知道一种性别同时必须和被禁止的奇怪的幸福"。[1] 赫尔克林在一个具有宗教信仰、几乎全是女性的世界里度过了她的童年。最终被确认为一个"货真价实的男孩"的时候,她/他无法适应,于是自杀了。福柯很可能渴望这种奇怪的幸福,但无论是在巴黎高师的男人环境还是在战后的巴黎,他都还没有发现这种幸福。那时,无论是时间还是空间,都不适合涉世不深且迟疑不决的同性恋者。那时还没有"同性恋"组织。维希政府关于法定承诺年龄的法律依然有效;众所周知,警察局保存着同性恋男子的非官方记录。性行为无疑是可以进行的,但只能秘密地进行。17 世纪以来,杜伊勒里宫(Tuileries)的花园一直是性游乐场,现在一如既往。可以肯定的是,直到 20 世纪 70 年代初,作为巴黎公共设施一景的铸铁小便池便是人尽皆知的"猎艳之地",绰号为 tasses(cups[乳罩])。在蒙帕纳斯(Montparnasse)和皮嘉尔(Pigalle)的几个酒吧里、在塞纳河上的一些桥下,找到伴侣可以不费吹灰之力,尤其是在寻觅者想找到粗野的男同性恋者,而且敢于去克利希桥

---

[1] Michel Foucault, 'Le vrai sexe' (1980), in *Dits et écrits* (Paris, 1994), vol. Ⅳ, p. 122. 该版本是作为 Richard MacDougal's translation of *Herculine Barbin* (Brighton, 1980) 的"导言"(introduction)而首发的那个文本。

(Pont de Clichy)的情况下。有时候，福柯会彻底消失几天之后再回来，显得筋疲力尽、宿醉不醒、衣冠不整。最有可能的解释是他是因为性越轨行为而消失的。

无论他知道与否，福柯是受人监视的。按照他母亲的要求，现在正实习的精神病医生雅克利娜·韦尔多（Jacqueline Verdeaux）密切注意着他的一举一动，并向普瓦捷汇报。福柯终于被说服了去咨询圣安妮（Sainte-Anne）医院的让·德莱（Jean Delay）。德莱生于1907年，是福柯所处时代最著名的精神病医生之一。他几乎在其专业的每一个面向都著述颇丰，并且享有优秀管理者的美名。他是在精神治疗中使用安定药和精神药品的先驱之一，同时也是作家，是依然备受关注的安德烈·纪德的心理传记的作者和发起者。他与福柯也有一些共同之处：他的父亲是一位外科医生，曾希望他儿子子承父业。让·德莱选择精神治疗方向是他的反叛形式。虽然福柯和德莱之间究竟发生了什么我们无记录可查，但它确实带来了持久的友谊，他们还交换了各自的书籍。它还产生了更为具体的结果。因为有巴黎高师医生皮埃尔·艾蒂安（Pierre Etienne）的同意，福柯在疗养院的一个单间里相对舒适地度过了他的大学第三年即最后一年。他探究精神分析的时候，他进一步尝试

二 巴黎高师

了抑郁症的治疗,不过并没有持续下去。

这个时候认识福柯的人并非人人都知道他是抑郁症患者。他姐姐现在已结婚,就住在巴黎,与他定期有联系,通常认为他很快活。潘盖还记得与福柯的邂逅:他身着短裤,以几乎咄咄逼人的方式与周围的那些人高谈阔论,并未发现他有什么异常的地方。直到后来,他才从福柯本人口中得知,福柯在巴黎高师的日子几乎是痛不欲生的。[1]这些相异的看法未必是矛盾的。福柯总是具有同时带几副面孔的天赋,在不同的人面前有不同的表现。有些人发现他是一个好伙伴;有些人会遇到福柯把其引人注目的修辞技巧用作致命武器,或拒绝在论辩中承认失败的时候。

学术方面,福柯表现良好,在 1948 年拿到了一个哲学学位,次年又拿到了一个心理学学位。同学普遍认为他才华横溢,他对工作的兴趣是出了名的,但他现在重蹈了中学时代的覆辙,出人预料地没有通过 1950 年的会考。这一次无法做出特殊安排,他不得不准备补考。在这一年的大部分时间中,他与来自索邦的朋友让-保罗·阿隆 (Jean-Paul Aron)

---

[1] Maurice Pinguet, 'Les Années d'apprentissage', *Le Débat*, 41 (September—October 1986), pp.122-124.

一道,认真复习。两人都是同性恋者,都有尖刻的幽默感。

认真复习收到了效果,福柯成功地通过了他的会考"二试"。笔试是关于"经验与理论",应试者还被要求编写一段柏格森与斯宾诺莎之间的想象性对话。令人震惊的是口试。根据一贯的传统,应试者被要求从一个篮子里抽取一张纸条,然后就纸条上的题目即兴创作。让福柯愤怒的是,他的题目是"性事"(sexuality)。在他看来,这作为题目并不恰当,于是他大声抗议。这个题目之前从未被出过,但康吉莱姆把它提了出来,他认为以它为题目是完全合适的:学生们一直在谈论它。这次"友战"让人想起一向严厉、易怒的科学史家确实有幽默感。他这个人总是带着刻意的恶意称他所遇见的修女为夫人(madame),而不是按照社会规范,称她们为姐妹(ma soeur)。康吉莱姆的脾气臭名昭著,毫无幽默可言,但对于他认为"不堪一击的"同事,他通常都克制自己的愤怒,而且从不将怒气撒向他的学生。一如有些人付出代价才知道的那样,在康吉莱姆眼中显得不堪一击是不明智的:他的愤怒可以让你事业尽毁。

康吉莱姆接替加斯东·巴什拉(Gaston Bachelard,又译加斯东·巴歇拉尔)担任了索邦的科学史教授。他的著作在专家圈子以外并不广为人知,他迄今唯一重要的出版物

二 巴黎高师

是他在 1943 年论述"常态与病态"的论文。考虑到他声誉如此卓著,影响如此巨大,人们总是难以接受这一事实,即康吉莱姆直到 1995 年去世,著述相对较少,而且他的著述几乎全都不是鸿篇巨制,他自谦地称之为"交易量小"。他的著述大多是讨论医学和生命科学的历史。对康吉莱姆而言,科学史——他必然言说复数的**科学**,从不讨论抽象和铁板一块的**科学**——并非是一个平稳、累积过程的记录。它是不连续的,不时为他的前任巴什拉所谓的认识论断裂(epistemological break)所中断。当它与自己的科学前史相断裂并拒绝科学前史作为意识形态的时候,一门科学便开始显影。认识论断裂可能在某些方面联系着库恩(Kuhn)的范式转移(paradigm shift),它的发生并不是因为经验发现,而是因为概念置换。比如,"发烧"(fever)概念的引入代表的不是某种经验性疾病的发现,而是这时发生的断裂,即医学思想不再被科学前史的诸如"瘴气"等类别支配,而是围绕构想身体的新方式、传播热病的媒介、医生的作用等被重新整合。在这个意义上,某一科学的历史即它在自己的过去发现并克服错误的历史。[1]

---

[1] 参见 *Economy & Society*, XVII/2–3(1990). Special issue on 'Society and the Life Sciences: In Honour of Georges Canguilhem'。

在会考失败的那一年，福柯成为了法国共产党（PCF）党员。这是他唯一一次加入政党；20世纪70年代，他总是积极活跃在多个政治前线，但从来都不是作为一名党员。像当时的其他很多年轻人一样，他认为法国共产党和共产主义在为由他们的父辈给他们所创建的那个水深火热的世界，提供了一种别样选择。在普瓦捷的家里，保罗－米歇尔已然成为共产主义者这一消息引发了某种意义上的愤慨：拒绝受训为一名医生是非常令人不快的，而加入法国共产党则毋庸置疑更加令人不快。

福柯似乎并不是一个很好的共产党员。比如，莫里斯·潘盖不曾记得他积极参加过在护墙广场（place de la Contrescarpe）咖啡店举行的基层组织周会。[1] 在他开始在巴黎高师兼职任教期间，福柯与一群年龄稍小的党员有联系，包括历史学家保罗·韦纳（Paul Veyne）、文学理论家热拉尔·热奈特（Gérard Genette）和潘盖、社会学家让－克劳德·帕斯隆（Jean-Claude Passeron）。韦纳回忆说，他们被法国共产党组织视为"未来的异端"；确实，他们悉数退了党。福柯自己也因为1953年所谓的医生阴谋事件退了党。

---

[1] Pinguet, 'Les Années d'apprentissage', p.127.

二 巴黎高师

那一年年初,九位医生遭到逮捕,被指控企图谋杀诸多苏联元帅,以及密害斯大林本人。3月3日,斯大林死于纯粹的自然原因,苏联新闻旋即宣布现在被称为"阴谋"受害者的医生们已然获释。九位医生中有七位是犹太人;整个事件揭示了一股丑陋的反犹主义同时见诸苏联和一味忠诚的法国共产党。

反犹主义并不是让法国共产党成为不安之处的唯一因素:"因为我是同性恋,我从未真正融入过共产党;它是一个强化一切最为传统的资产阶级生活价值的机构。"[1] 在其回忆录中,当时也是一名年轻党员的历史学家勒鲁瓦·拉迪里(Leroy Ladurie)回忆起了这样的一个事件:当有人发现——或者至少宣称——某位中学老师向学生发出了性暗示的时候,他被迫辞去了他的工作。他也被迫退出了认为"一个党员的同性恋污染将传染整个共产主义者集体"的共产党。[2] 共产党坚定地信奉婚姻、家庭和"无产阶级"道德。成为一个共产主义同性恋者或者一个同性恋共产主义者,不是一个

---

[1] 转引自 Otto Friedrich, 'France's Philosopher of Power', *Time*, 6 November 1981, pp. 147–148。

[2] Emmanuel Leroy Ladurie, *Paris-Montpellier, PCF-PSU, 1945–1963* (Paris, 1982), pp.165–166.

好选择。

当福柯行将结束其课程时,他得尽服兵役的义务。延期适用于那些接受全日制教育的人,但他不可能指望获准进一步推迟。就像设法被精英学校录取一样,逃兵役在一定意义上是法国中产阶级的一项体育运动。福柯体检不合格,被断言不适合服兵役。根据他的伴侣丹尼尔·德菲(Daniel Defert)所说,他事先得知了视力检查会如何进行,故意没有通过检查。他来自医生家庭,而且是心理学专业的学生,获取所需要的知识并不难。福柯的弟弟也从未当兵。

福柯虽然成功逃掉了兵役,但现在不得不避免进一步的折磨。在高度中央集权化的法国教育体系中,中等与高等教育之间的流动很普遍,大学毕业生和教师资格会考通过者通常要先在中学任教两年,才能开始在大学任职或从事研究。福柯再次找到了逃脱不可能逃脱之事的办法。1951年6月,他申请并获授了梯也尔基金会(Foundation Thiers)——一个隐匿在第十六区豪华的巴蒂库里尔酒店(hôtel particulier)的研究基金会——的一种奖学金。这又是一所只有男性的寄宿机构,福柯再次发现难以安身。尽管他获得了三年的奖学金,但第一年结束之前他便离开了,放弃了他曾计划论述后笛卡儿哲学(post-cartesian)和心理学诞生的论文。

二 巴黎高师

福柯肯定是有抱负的,非常有竞争力,但让人吃惊的是,他的抱负未能聚焦,他依然对自己的未来不确定。虽然他曾研究过哲学,但他日益痴迷心理学和精神病学,师从让·德莱在心理学研究所(Institut de Psychologie)学习之后,于 1952 年夏获得了精神病理学文凭。现在,他至少开始获得了一些关于精神病学世界,关于将成为其未来数十年工作重心的领域的实践经验。这些经验主要是从圣安妮医院获得的。

圣安妮医院原本是治疗心理疾病的一家"临床精神病院"(clinical asylum)。该精神病院始建于 1863 年,完工于六年之后。西段更大一些,由十二间四方形的病房组成;东段包括管理办公室和两间重症患者病房。整座建筑四周环绕着一道仅仅开有两扇门的高墙。20 世纪 50 年代初,医院的原有布局依然清晰可辨,但现在它包括了一个非常优秀的医学图书馆和内容丰富的档案,而该机构现在也是一家教学医院。圣安妮医院与高墙后面的另一建筑仅仅相距很短的步行距离。那是建于 1867 年的拉桑特(La Santé)监狱。在其所有著述中,福柯强调了监狱和精神病医院之间存在着某种密切的联系,而圣安妮医院和拉桑特监狱着实看起来令人不悦地相似。

雅克利娜·韦尔多安排了福柯在圣安妮医院工作。她和她丈夫在负责一个应德莱的要求而建立的脑电图学（encephalography）小组；德莱在福柯的描述中即"把我引入疯人世界"的那个人。[1] 福柯仅仅拥有旁观者的身份，虽然他也参与进行诊断测试和开展实验。他在精神病学方面的资格是纯理论的，而不是临床的。在巴黎高师，他听过丹尼尔·拉加什（Daniel Lagache）主讲的讲座课程，后来听过道梅松（Daumézon）关于体制心理治疗（institutional psychotherapy）的系列讲座。在圣安妮医院，他出席过病人介绍会（présentation des malades）。介绍会是一种窥探式的仪式，其间患者在一群学生面前被检查；介绍会同时为诊断工具和教学手段。由于雅克利娜·韦尔多的个人影响，福柯还能作为她在弗雷纳（Fresnes）监狱"定位中心"（Centre d'Orientation）的非官方助理。弗雷纳监狱就在巴黎城外，它是监狱医疗服务的总部；定位中心的任务是起草已然进入系统的囚犯的精神报告。他们的作用是判定自杀风险，判定个别囚犯是否会受益于被送往某些特定机构。

---

[1] Michel Foucault, 'La folie n'existe que dans une société' (interview with J.-P.Weber, 1961), in *Dits et écrits*, vol. I, p.167.

二 巴黎高师

为了取得任何进一步的进展,福柯都必须获得医师或者至少临床资格,但他并不愿意这样去做。这将是一个值得关注的从事精神病治疗的时期,因为"二战"后的年月是一个创新和改革的时代。改革运动背后的动力是一种耻辱感:被占领期间,法国精神病治疗机构的患者成千上万地死去,主要是因为遭人忽视和营养不良。正是在20世纪40年代末和50年代,新式理论开始被人提出,旧有的精神病院(asylum)概念开始让位给康复院(therapeutic community)概念。在对医疗机构的多年嘲笑和敌意之后,精神分析治疗法最终将成为常规治疗形式。在《疯狂史》(*Histoire de la folie*)中,福柯描述了医疗-监狱式精神病院的缘起;他很可能是那些设法改革它、赋予它人性的人之一。

雅克利娜·韦尔多开始对瑞士精神病医生路德维希·宾斯万格(Ludwig Binswanger, 1881—1966)的著述非常感兴趣,正不遗余力地翻译其首版于1930年的《梦与存在》(*Traum und Existenz*,又译《梦与存活》)。她在某些专业术语方面需要帮助,于是向福柯求助;福柯的德语主要是自学的,现在非常好,能够阅读海德格尔(Heidegger)和胡塞尔(Husserl)的原著。他很快就答应了会力所能及地帮忙。后来,她请他写了一篇导言。福柯陷进了宾斯万格的著述之中。他最终写的导言的篇幅是原计划的两倍。宾斯万格在巴黎几乎不为人知,而巴黎高师之外也没有人知道福柯是谁。并不令人吃惊的是,韦尔多费尽心力才在1954年为译本找到一家出版商;它并不成功。[1]

1952年大斋节(Lent,又称齐斋节)前夕,福柯随同韦尔多参观了位于瑞士与德国边境的康斯坦茨湖(Lake Constance,又译博登湖)湖滨的一家诊所。它由宾斯万格的追随者罗兰·库恩(Roland Kuhn)管理,是令人好奇的年度仪式现场。诊所的病人把春天的大部分时间都花在了为他们自己和员工制作奔放、精致的面具上。忏悔星期二(Shrove Tuesday),他们游行穿过相邻的姆斯特林根(Musterlingen)镇,为首是一张代表嘉年华会(Carnival)的巨幅画像。员工和患者全都戴着面具,因此难以分辨彼此。他们回到医院的时候,面具被摘下,嘉年华会画像被郑重其事地烧掉。为了研究的需要,乔治·韦尔多(Georges Verdeaux)拍摄了整个过程;他那鲜为人知的自制影片,不无某种非常神秘的东西。福柯的《疯狂史》描述了沿着北欧河流和运河巡游的"愚

---

[1] "导言"(Introduction),载 Ludwig Binswanger, *Le Rêve et l'existence* (Paris, 1954); also in *Dits et écrits*, vol. I, pp. 65–118. 译本见 Michel Foucault and Ludwig Binswanger, *Dream and Existence*, ed. Keith Holler (Atlantic Highlands, NJ, 1993)。

人船"（Ship of Fools）；它也很可能始于对瑞士的一次嘉年华会的描述。

不久，第二次委任出现了。在求学于里昂杜帕克中学（Lycée du Parc）的最后几年间，阿尔都塞一直受教于让·拉克鲁瓦（Jean Lacroix）。拉克鲁瓦是一位具有古典哲学背景的天主教徒，但他心胸也非常开阔，密切关注当代思想领域的新发展。自创刊的1944年底到1980年12月，拉克鲁瓦一直在法国日报《世界报》(*Le Monde*)这份报纸上发表专栏，《世界报》很可能是全世界第一家拥有固定哲学通讯员的报纸。根据阿尔都塞的建议，拉克鲁瓦委托福柯替他为法兰西大学出版社（Presses Universitaires de France，PUF）编辑的"哲学入门"（Initiation Philosophique）系列，撰写一本关于心理疾病的小书。

福柯反复地描述，法国哲学是围绕主体性哲学和概念哲学的二分法而构建的，并且将自己的工作定位于后一种传统之中。[1]"主体性"（subjectivity）首先关涉现象学（phenomenological）传统，尤其是萨特，而"概念"（concept）

---

[1] 详见他为 Carolyn Fawcett's translation of Georges Canguilhem, *On the Normal and the Pathological* (Boston, MA, 1978) 所写的"导言"（Introduction）。

则联系着巴什拉、康吉莱姆和阿尔都塞的认识论学派。虽然这种描述并非不准确,但它相当图式化;它适用于哲学领域是围绕马克思主义、各种各样的现象学和存在主义而组织的20世纪60年代中期而不是50年代。其他的支配性影响是伊波利特等人的新黑格尔主义。福柯在尊敬和欣赏伊波利特的同时,也对任何允诺渐进式地获得总体知识或者理解的总体性哲学表示怀疑。相反,现象学致力于在严格描述他们的经历的基础上,建构出一种关于特定对象,尤其是意识的严密知识。福柯最初的著述同时受到了现象学和马克思主义的影响。他从未再次提及这些早期著述,并不希望它们再版。虽然法兰西大学出版社在1962年坚持重印《精神病与人格》(*Maladie mentale*),但福柯重写了后半部分,抹掉了他加入法国共产党期间曾吸收的马克思主义的任何痕迹,代之以实际上可谓是一种压缩版的《疯狂史》。[1]

宾斯万格和库恩提出了一种名为"此在分析"(Daseinanalyse)的疗法,该疗法在很大程度上依靠海德格尔现象学:此在[Dasein,字面意思是"在……那里"(being-there)]是哲学

---

[1] Michel Foucault, *Maladie mentale et personnalité* (Paris, 1954). The English translation by Alan Sheridan, *Mental Illness and Psychology* (New York, 1976), is of the second, revised edition.

二 巴黎高师

家表示人类的存在或者人类存在于世的术语。心理疾病被宾斯万格和库恩视为人类存在于世的一种特定方式,而梦被描述为这种存在方式的主要表达。不同于弗洛伊德式分析通常把梦视为被压抑的愿望的表达,此在把它们视为真实的经验。"太靠近边缘"这种感觉是压抑的普遍症状,并不具有象征意义:在他或者她的内心世界,患者处于坠落的真实危险之中。对写作《精神病与人格》的福柯而言,这种分析使得临床医生可以摆脱旧系统,在这种系统中,个人经验被塞进了诸如癔症或者精神分裂症这样的诊断类别,这些诊断类别似乎是作为与个人经验和苦难没有丝毫联系的抽象实体而存在的。他把此在分析的这种解释与参照经济及个人异化、导致心理疾病的"真实状况"结合起来,这显然是源自他学生时代的相当机械的马克思主义,就像与巴甫洛夫心理学的生动的(后来则是尴尬的)联系那样。把《精神病与人格》解读为一份非常个人的文献同样是吸引人的。它频频提及"焦虑"(agnoisse)——该词等于英语中的"anxiety"(焦虑)与"anguish"(痛苦),以及德语中的"Angst"(焦虑),频频提及自杀倾向。福柯同时坚持,尽管大众智慧如此,任何遭受心理疾病的人都非常清楚这一事实,并非生活在一种狂喜的无知状态之中。即是说,心理疾病暗示一种"病态意识"

或者一种病态的存在意识。虽然过分强调可能纯属推测的心理解释或许是一种错误,但其作者是一位有着相当丰富的抑郁经历的年轻人。

离开梯也尔基金会之后,福柯与他弟弟合住在蒙日街(rue Monge)的一套公寓,他弟弟现在即将成为家里的下一位福柯医生。从蒙日街到巴黎高师很方便,但巴黎高师不再是福柯的主要工作场所。他在北部城市里尔(Lille)找到了一个助教的职位,那里的大学哲学系主任雷蒙德·波林(Raymond Polin)正在找人去教学位课程的心理学部分,福柯的名字已然被于勒·维耶曼(Jules Vuillemin)向他提及。于勒·维耶曼是路易·阿尔都塞的朋友,克莱蒙-费朗(Clermont-Ferrand)的哲学教授。他也曾见过福柯,虽然只是匆匆一瞥。里尔当时是一座以纺织业和麻纺厂为支撑的阴森的工业城市,福柯决定不在里尔居住。通过继续生活在巴黎而工作在别处,他遵循着一种可以辨识的模式。首都之外的研究和图书馆设施非常糟糕,这就意味着很多学者不愿意离开首都;但凡有可能,他们就通勤到外省大学去工作。福柯把他的教学和面授时间压缩到尽可能短的时间内,并且坐200公里火车去里尔,只有当必须在那里过夜时才到旅店住一晚。他留在巴黎除有智识原因之外,也有个人原因,因为

二 巴黎高师

他现在正与一位年轻的音乐家、作曲家打得火热。

让·巴拉凯(Jean Barraqué)生于1928年,先后受教育于巴黎圣母院(Notre Dame)的唱诗班学校、孔多塞中学(Lycée Condorcet)。他对音乐的热情是绝对的,他对其他任何东西几乎不感兴趣。20世纪50年代初,他开始在音乐学校听复调、赋格曲与和声等方面的课程,虽然他尚未正式注册为学生。他还听了由杰出的风琴演奏家奥利维耶·梅西安(Olivier Messiaen)所讲授的"赏析"课程。长期以来,巴拉凯一直着迷于浪漫派和德彪西(Debussy),但现在他却在了解韦伯恩(Webern)和第二维也纳学派,以及施托克豪森(Stockhausen)的早期作品。1951年,他参与了皮埃尔·谢弗(Pierre Schaefer)的"具体音乐"(musique concrète)——电子音乐和磁带音乐的前身——实验。1952年,他完成了他的《钢琴奏鸣曲》(*Sonata for Piano*),他的第一部重要作品。

1952年夏,福柯和巴拉凯邂逅在若约芒(Royaumont)。若约芒是巴黎北部的一座西多会前修道院,1936年以降一直被作为一个文化中心在使用;阿尔都塞经常把学生的读书会移到那里,以便为他们的教师资格会考口试进行复习。1950年,福柯和阿隆已然为此目的去过那里。1952年,他们俩故地重游,他们的短暂逗留碰巧与皮埃尔·布列兹(Pierre

Boulez)带领的音乐家小组逗留的时间一致。[1] 这个组是"音乐之域"(Domaine musical),其自定使命为整合并推动欧洲音乐中的一切后韦伯恩趋向。布列兹比福柯年长一岁,是雷诺-巴罗(Renaud-Barrault)剧团的音乐总监,但他的早期作品,比如长笛和钢琴小奏鸣曲(Sonatine,1946)、1946年和1948年的钢琴奏鸣曲等,已然显示出可使他成为欧洲最重要作曲家之一的天赋。因为与巴拉凯的关系,福柯经常接触到音乐小组,以及与布列兹有来往的作曲家。他们通常一起去喝酒;众所周知,巴拉凯钟爱一小杯白葡萄酒(un petit vin blanc)。

结识福柯的时候,巴拉凯依靠编写音乐会简介和当家庭教师,过着不稳定的生活。他在致力于一首他最初称为《三支歌》(*Three Songs*)的乐曲。他原本打算借用《雅歌》(*Song of Songs*)的歌词和波德莱尔(Baudelaire)与兰波(Rimbaud)的诗歌。乐曲经过反复修改,最后变成了《继叙咏》(Séquence,1950—1955),一首改写声部、打击乐和器乐合奏为器乐曲的20分钟曲子。在1956年3月首次公演的最后一个改写本中,歌词源自《查拉图斯特拉如是说》(*Also*

---

[1] Jean-Paul Aron, *Les Modernes* (Paris, 1984), pp.72–74.

二 巴黎高师

Spracht Zarathustra)的"魔法师"(Sorcerer)部分的挽歌。正是在福柯的建议下,巴拉凯使用了尼采。后来,二人对奥地利小说家赫尔曼·布洛赫(Herman Broch)的刚有法文译本的《维吉尔之死》(*Der Tod des Vergil*,1945)产生了极大热情。[1] 该书描述了维吉尔在布林迪西(Brindisi)躺着等死的时候,何以受到诱惑毁掉了《埃涅伊德》(*Aeneid*)。这部创作深邃的诗体小说并不一定会有大量读者,它是对总体知识的不可能性和一切人类活动之无用的长时间思索。源自这部小说的段落成为了巴拉凯最具影响力的作品《时光修复》(*Le temps restitué*)的原材料。1957 年,巴拉凯开始为之努力,但直到 1968 年才完成。

1967 年接受一位意大利记者的访谈时,福柯将巴拉凯描述为"当下这代人中最为才华横溢、最不被认可的人之一"。[2] 在认为巴拉凯才华横溢这一点上,他并不孤单。在 1960 年 1 月的那一期《精神》(*Esprit*)上讨论韦伯恩之后的西方音乐时,音乐评论家安德烈·奥代尔(André Hodeir)把《继叙咏》称作"20 世纪音乐的重要收获",把《练习曲》

---

[1] 英译本见 *The Death of Virgil* by Jean Starr Untermeyer (New York, 1945)。

[2] 'Qui êtes-vous, professeur Foucault?' (interview with P.Caruso, 1967), in *Dits et écrits*, vol. I, p.163.

(*Etude*)说成是"非常奇异和非常迷人的"。巴拉凯没有保持他早年的声望。《时光修复》被证明是他最后一部重要作品;在其不断为混乱的个人生活、酗酒,以及在1964年遭受的严重车祸所搅扰的整个生涯中,他仅仅完成了七首乐曲。他的作品没有被广泛演奏,而且因为无论是对音乐家还是对听众都要求很高,从未成为标准音乐会曲目的一部分。

关于这两人之间的关系,大家知之甚少。他们的通信往来从未被全文发表,巴拉凯所发表的著述都是专业性极强的音乐理论论文。在一封转引自德菲的"年表"(Chronology)的未被公开的信中,福柯形容巴拉凯为"一只可敬但丑陋的跳蚤……一谈到坏小子的时候,他的知识便近似于百科全书"。从可以被推断自有效证据的少量信息来看,二者的关系似乎是相互破坏性的,由酒精所刺激,带有施虐受虐狂的色彩。

在普瓦捷的孩提时代,福柯上过钢琴课,但已然将乐器束之高阁。对他而言,音乐依旧重要,虽然他认为音乐之美"高深莫测";他培养出了非常优秀的听力,可以分辨同一曲子的不同录音。他尤其喜欢巴赫和莫扎特,但同样热爱现代音乐,虽然他承认他发现现代音乐很难,因为它往往把它的每一个元素都变为"独一无二的事件"。他把它视为一种与塞尚（Cézanne）、马奈（Manet）和俄罗斯形式主义者的现代主义等量齐观的音乐。他认为，它是对"前包装文化"的一剂解药，因为它颠覆了文化消费主义的"慵懒习惯"。他从不理解他的同事和学生何以能在对胡塞尔和海德格尔表现出这般热情的同时，如此迷恋无名的摇滚乐队。[1] 邂逅巴拉凯和布列兹的音乐是福柯的现代主义文化引论的一部分。1953年1月3日，他在巴黎巴比伦剧场（Théâtre Babylone）看了贝克特（Beckett）的《等待戈多》（*En Attendant Godot*）的首演。多年之后，它在他的记忆中依然是一部"令人激动的作品"。[2] 贝克特的小说也对他产生了重要影响，他频频提及它们。他也阅读巴塔耶（Bataille）和小说家莫里斯·布朗肖（Maurice Blanchot）发表在《新法兰西杂志》（*Nouvelle Revue Française*）上的文章，它们介绍了一种拒绝心理现实主义、支持朴素的客观的现代主义文学。

一场甚至更具决定性的邂逅发生在1953年夏。福柯与

---

[1] Michel Foucault and Pierre Boulez, 'La Musique contemporaine et le public' (1983), in *Dits et écrits*, vol. IV, pp.480–495; 'Quelques souvenirs de Pierre Boulez', ed. Alain Joubert, *Critique*, XLII, 471–772, pp.745–747.

[2] 'Postscript', Michel Foucault, *Death and the Labyrinth: The World of Raymond Roussel*, trans. Charles Ruas (London, 1987), p.174.

潘盖在意大利度假。他们沉溺于普通观光，但无论他们走到哪里，福柯都随身携带着同一本书，甚至还在西塔维琪亚（Cittavecchia）海滨享受日光浴的时候读过它。它是尼采的《不合时宜的沉思》（*Untimely Meditations*）的法—德双语版。[1] 这并非是他曾在巴黎高师学习过的东西。在当时的法国，尼采并未作为哲学家受到高度评价，而是通常被视为一个文学大师。他的声誉也因他与反犹主义甚至纳粹主义的联系受到破坏。正是福柯这一代才把他逆转为当代法国思想中最重要的人物之一。事实上，《不合时宜的沉思》的一段话似乎差不多要为福柯的未来事业提供规划。注意到赋予生命以色彩的一切的历史依然必须重写，尼采提出了如下反问："人们是在哪里找到爱的历史、贪婪的历史，以及羡慕、良知、传统或者残酷的历史？迄今为止，甚至一种比较历史或者至少惩罚的比较历史付诸阙如。"[2]

在里尔的教学几乎不费劲，涉及的话题与福柯在巴黎高师所讲课程相同。他是大受欢迎、深受尊敬的人物。他的里尔之行通常让他有足够的空闲时间去自由大街（rue de la

---

[1] Maurice Pinguet, 'Les Années d'apprentissage', p.130.

[2] Friedrich Nietzsche, *The Gay Science*, trans. Walter Kaufmann (New York, 1974), p.81.

二 巴黎高师

Liberté）或者国民大街（rue Nationale）的酒吧间吃午饭，或者至少喝杯饮料，他总是在那里结识学生和青年教师。正是在这些环境中，他邂逅了未来的小说家雅克·贝勒弗鲁瓦（Jacques Bellefroid），他当时还是正在接受让-保罗·阿隆教育的中学生。在里尔酒吧间的谈话是愉快的，海阔天空，来来回回地在哲学、艺术、电影和政治之间快速转换。贝勒弗鲁瓦对福柯几乎过于讲究的措辞非常震惊。发笑的时候，他努力压低声音，避免误入更高的音域。他说话"就像一间蒸馏室"，逐字过滤他的语言，以期生产出"酒香浓烈的佳酿"。[1] 福柯也是一位好听众，喜欢这类非正式交流。他喜欢年轻人的陪伴；虽然他从未想过要去中学当老师，但他很可能会是一位优秀的中学老师。

在里尔和巴黎高师的教职都是兼职，是临时的；福柯的未来并不确定。现在，他已然决定他的事业并不是在临床精神病学之中，不过他仍将在一个相对较低的层面上教授心理学。他与巴拉凯的关系是疾风暴雨式的，对二者具有潜在的危险。福柯依然没有显示出要为自己写作任何东西的特别抱负。他的宾斯万格导言是受人之托，《精神病与人格》同样

---

[1] http://www.bellefroid.com/chambre_fs.htm.

如此。他的下一个出版物也是如此。1952年，他受托为一部哲学史的修订版撰写"1850至1950年间的心理学"专论；1886年，这部哲学史已然出版它的第四版。[1] 该专论直到1957年才出版，它不过是还算过得去地概述了心理学内部约翰·斯图亚特·穆勒（John Stuart Mill）以降的趋势而已，重复的是福柯在里尔和巴黎的授课内容。根据贝勒弗鲁瓦所述，福柯曾抱怨他是被阿隆"说服"写作的，对它并不特别上心。就像在他后来的事业中经常如此的那样，福柯现在全然改变了方向，因为一次几乎纯属偶然的邂逅，他突然离开了法国去北欧过流浪生活。

---

[1] Michel Foucault, 'La psychologie de 1850 à 1950', in *Dits et écrits*, vol. I, pp.120–137.

三 《古典时代疯狂史》

1954年10月,福柯收到了他只知其名的某人的一封来信。乔治·杜梅泽尔(Georges Dumézil)是法兰西公学院的印欧文明(Indo-European Civilization)教授,但在他年轻的时候,他曾执教于乌普萨拉(Uppsala)大学。他定期到瑞典去过一段时间的春天和夏天,居住在由大学提供的小公寓里。最近,他在那里的朋友告诉他罗曼语研究系(Department of Romance Studies)正在寻找一位法语助教,问他是否认识合适的候选人。虽然乌普萨拉大学的这个职位他实际上拥有授予权,但没有人立即出现在他的脑海中。杜梅泽尔现在五十多岁,很多时间都身处国外,与年轻一代几乎没有接触。他偶然向他的朋友拉乌尔·居里埃尔(Raoul Curiel)提到了这个空位,拉乌尔·居里埃尔是一位考古学家、东方学家,刚从阿富汗的一个发掘地回来。通过一位共同的熟人的引见,居里埃尔认识了福柯,他形容福柯是他长期以来所认识的最为智慧的巴黎高师人。杜梅泽尔做了进一步的了解,然后写信给福柯告诉他这个职位空缺,询问他是否对这个职位感兴趣。成功的候选人也会成为附属于该大学的法国文化中心联络处主任。这个职位是受人尊敬的,因为乌普萨拉大学是瑞典历史最悠久的大学。杜梅泽尔继续说道,这个职位的吸引力还包括乌普萨拉大学图书馆(Carolina Rediva library),它在他的描述中是欧洲最好的图书馆之一。[1]

第二年秋天,福柯接受了瑞典的这个职位。虽然由乌普萨拉大学付薪水,但他是从里尔和巴黎高师的职位上借调的,严格来讲应对法国外交部(Quai d'Orsay)的文化关系处负责。在回溯性的访谈中,他解释说他离开巴黎的决定是受到了科研会比他在法国更加自由的鼓舞。他觉得他在法国的个人生活受到了束缚,而瑞典则享有自由主义的名声。他宣称他没有写作的抱负,只盼着旅行、提着手提箱过几年日子。[2] 他很可能补充说,他与巴拉凯的关系日渐恶化,正进入事实证明的末期。

---

[1] Georges Dumézil, 'Un homme heureux', *Le Nouvel Observateur*, 29 June 1984, p.42; *Entretiens avec Didier Eribon* (Paris, 1987), p 214.

[2] 'Interview avec Michel Foucault' (interview with C. G. Bjurström, 1968), in *Dits et écrits* (Paris, 1994), vol. I, p.651.

三 《古典时代疯狂史》

动身之前他没有见到过他的恩人：整个夏天和初秋杜梅泽尔都是在威尔士度过的，他们直到1956年春才见面。真正见面时，他们仪式性地以各自的职称相称，他们得出杜梅泽尔实际上先于福柯数年通过了中学毕业会考的结论，并以杜松子酒为彼此的健康干杯。这个时候，比福柯年长28岁的杜梅泽尔建议他们彼此用非正式的"你"（tu）相称。这是对二者都意味深长的一段长久友谊的开始，这份友谊一直延续到了福柯离世。福柯确乎对这位年长于己的男人以"你"相称，但在福柯向他人提及他的时候，杜梅泽尔总是"教授"。

倘若福柯是在寻找更大的性自由（这看起来很有可能），他必定有几分失望。虽然乌普萨拉是瑞典第四大城市，但相较于巴黎它却是很小的；结果证明，那里的氛围比福柯所希望的要更加纯洁。这座城市之所以出名，与其说是因为其夜生活，毋宁说是因为其十三世纪的哥特大教堂。相较于里尔，大学本身也很小。它也是一家等级森严的机构，在那里对礼仪的重视、对权势的认可举足轻重。有时候，福柯很可能觉得他生活在一个比普瓦捷还缺乏热情的地方。

福柯在乌普萨拉的任务是通过组织放映法国电影、上演戏剧和发表公开演讲等方法，推广法国文化和法语。他也被要求为对法语感兴趣的人提供入门课程。结果证明，他很擅长于他的新工作。他是深受欢迎的演讲者，同时吸引了大学和城区的听众。然而，他所选择的话题肯定让他的部分听众大为震惊。他在第一年末发表的演讲之一题为"法国文学中的爱情观：从萨德到让·热内"（The Conception of Love in French Literature: From Sade to Jean Genet）。无论是萨德还是热内，都不是法国联络处的标准食粮，二者都依然丑闻缠身。福柯的演讲大多是更为传统的主题，比如超现实主义、勒内·夏尔（René Char）、现代诗歌、印象主义艺术和17世纪悲剧。他偶尔也在斯德哥尔摩法国文化中心（Institut Français）发表演讲。福柯接待和照顾来访的演讲者，包括罗兰·巴特（Roland Barthes）、玛格丽特·杜拉斯（Marguerite Duras）、小说家克劳德·西蒙（Claude Simon），以及他年事已高的老师让·伊波利特。1955年12月，让·伊波利特进行了一次巡回演讲之旅，到了乌普萨拉、斯德哥尔摩、奥斯陆和哥本哈根等地。

从文化角度来看，福柯在瑞典的这些年的最佳状态出现在1957年12月，当时阿尔伯特·加缪（Albert Camus）去斯德哥尔摩接受诺贝尔文学奖。这次访问的标志是在法国大使馆举办的欢迎晚宴和招待会，而诺贝尔奖颁奖仪式是在12月10日举行的。福柯是以低级别官员的身份出席活动的，

三 《古典时代疯狂史》

加缪给他留下了非常深刻的印象。第二天,加缪与一群学生的会面和讨论引发了一起臭名昭著的事件。很多阿尔及利亚学生当时正在瑞典学习,他们紧追不舍地向加缪提出了关乎阿尔及利亚政治情势——1954年11月以降,阿尔及利亚一直在进行残酷的独立战争——的问题,这些问题驱使他说出了臭名昭著的言论,即他虽然热爱正义,但他更爱母亲,因此不可能支持阿尔及利亚民族解放阵线(FLN)使用可能伤害母亲的恐怖性暴力。此间的即兴发言严重破坏了加缪作为一个自由人道主义者的声誉。加缪也在乌普萨拉与学生们进行了讨论,但有关方采取了预防措施,保证问题仅仅关乎文学事务,不牵涉政治问题。福柯没有参与日益激烈的反对阿尔及利亚战争的活动,而且鉴于他的职业身份,不敢参与。然而,他的朋友让-弗朗索瓦·米格尔(Jean-François Miguel)提及说,他的确参加过阿尔及利亚学生组织的会议,而且的确私下地对他们的独立目标表示了极大的同情。

法裔加泰罗尼亚人(French-Catalan)米格尔是一位正在乌普萨拉大学做博士后研究的生物学家。他和福柯很快建立起了友谊,开始在福柯的法国联络处公寓一起用餐。不久便有了物理学家雅克·帕佩-莱皮纳(Jacques Papet-Lépine)的加入。三人逐渐适应了晚上轮流做饭这一日常事务;福柯擅长做通心粉，详细阐述了关于做通心粉的正确方法的复杂理论。法国三人组经常有意大利语助教和她的英语伙伴的加入。这个规模不大的朋友群还包括让-克里斯托夫·奥贝格（Jean-Christophe Öberg）和一位叫丹妮（Dani）的法国少妇。前者是派驻巴黎的一位外交官的儿子，自己后来也成了外交官，后者根据奥贝格的建议，在乌普萨拉大学担任秘书。她成了福柯在法国联络处的秘书，也为米格尔做些事，最后嫁给了米格尔。不久，这个法国人小团队因为其吵闹的——经常是酗酒的——派对，变得声名狼藉。福柯获得了一辆捷豹跑车之后，更多恶名发生在了他身上。虽然他在普瓦捷时曾学习过驾驶，但他的很多乘客都揭发说，他远不是一个让人放心的司机。这辆米色汽车内衬黑色皮革，虽然是二手车但依然价格不菲，还老是发生机械故障。但福柯非常为之骄傲，甚至有过一段时间为匹配汽车色系而挑选服装。

福柯回顾其瑞典岁月时，并无奉承之词。大多数观光客都念念不忘太阳永远挂在天上的六月的白夜。相反，福柯总是说起"瑞典之夜"、几乎见不到太阳的日子的忧郁。他在欣赏瑞典的宁静和含蓄的同时，也将他的瑞典岁月与他极度讨厌的寒冷联系在一起。瑞典也为他提供了一幅可怕的未来图景——于其间五十或者一百年之后，人人都是"幸福的、

三 《古典时代疯狂史》

20世纪60年代,米歇尔·福柯在瑞典

富足的和禁欲的"。虽然福柯的瑞典经历或许不像他后来的评价所暗示的那样可怕,但他从未对这个在他看来太过"医疗化"的国家,表现出任何深厚的情感。他从他的经验中获取的主要教训是,某种程度的自由可以产生的抑制作用并不亚于直接压抑的社会。[1]

倘若有时间轻薄寻欢和饮酒作乐,就更有时间工作。

---

[1] 'The Minimalist Self' (English-language interview with Stephen Riggins, 1983) in Michel Foucault, *Politics, Philosophy, Culture: Selected Writings, 1977–1984*, ed. Lawrence D. Kritzman (London and New York, 1988), p.5.

正是在瑞典的这些年,福柯开始每天在图书馆工作。正是在乌普萨拉,他发现了关于医学史和相关主题的大量藏书。最初,他完全不知道他在做什么。这种不确定性将依然为这个男人的特征:他并不按照预先拟定的计划行事,认为倘若他事先知道一本书将如何收尾便没有必要掀开它。[1] 尽管如此,他与巴黎的一位出版商签有一份合同,书写精神病学的历史。也曾有过书写"死亡的历史"之说,但无疾而终。福柯放弃了精神病学项目,完全忽视或者忘记了这份合同。某种更新的、与众不同的东西即将成形。他正在致力于日后面世的《疯狂与非理性》(*Folie et déraison*),它更被人熟知为《古典时代疯狂史》(*Histoire de la folie à l'âge classique*),它原来的副标题。不久,引文笔记和卷宗开始累积。现在,福柯动过以其正在推进的工作申请瑞典博士学位的念头,于是在1957年的某个时候,他向斯特恩·林德罗斯(Stirn Lindroth)展示了他的手稿,林德罗斯是科学史和思想史专家,大学等级系统中的重量级人物。林德罗斯对福柯绝非冷酷无情,曾多次与他共进晚餐。虽然他很可能喜欢这个人,但不喜欢他

---

[1] Michel Foucault, 'Truth, Power, Self' (interview with Rux Martin, 1982), in *Technologies of the Self: A Seminar with Michel Foucault*, ed. Luther H. Martin, Huck Gutman and Patrick H. Hutton (London, 1988), p.9.

提交的论文。他认为，该论文具有理论概括的倾向，有违乌普萨拉大学更为经验主义甚至实证主义的传统。福柯修改手稿的努力对改变他的看法没有丝毫影响。被拒绝或许是福柯突然决定离开瑞典的关键因素。已经发布的法国联络处 1958 年秋季计划预告说，福柯将就"法国文学中的宗教经验：从夏多布里昂到贝尔纳诺斯"（Religious Experience in French Literature from Chateaubriand to Bernanos）发表一场公开演讲，但这场演讲从未进行。虽然受伤的自尊，或者不那么厚道地讲，受伤的自大有助于解释福柯离开乌普萨拉的原因，但这样说也同样不假——他的社交圈子的核心正在开始瓦解：到 1957 年底，丹妮、米格尔、帕佩－莱皮纳和奥贝格全都离开了。福柯现在开始考虑把《疯狂史》提交为法国博士学位论文，他把共计 1000 多页的厚重手稿送给了时任巴黎高师校长的伊波利特。伊波利特虽然不知道如何处理它才好，但认为它可能包含了论文的不可或缺元素，建议福柯把它送给康吉莱姆。

唯有在最为相对的意义上，在瑞典的数年才可谓是一个背井离乡的时段。虽然福柯很少与家人联系，但他经常回巴黎，他在那里的邂逅胜过了发生在瑞典的任何事情。他在乌普萨拉的第一次逗留仅仅从十月延续到了圣诞节。1955 年底回到巴黎时,他在罗贝尔·莫齐的引见下认识了罗兰·巴特,与之建立了长期友谊。巴特处于一种甚至比福柯还要谨慎得多的状态之中。因为他在一家结核病疗养院休养了数年,尤其是因为他也是同性恋,他无法参加教师资格会考,40岁时还在很大程度上处于学术界的边缘。他依靠自由撰稿和给一家出版公司做文学顾问来养活自己。他也开始撰写关于日常生活"神话"(mythologies)的讽刺文章,这些文章在1957年以文集的形式结集出版。直到那时,他才开始赢得更大的知名度;直到1960年,他才在巴黎高等研究实践学院(Ecole Pratique des Hautes Etudes)找到一个稳定的学术职位,在那里他将度过随后的18年。[1]正当福柯即将与巴特建立起新友谊的时候,他与巴拉凯的关系行将结束。其中有过和解的努力:在回到勒·皮洛阿进行静养之前,福柯至少与他度过了一段时间的假期。三月他回到瑞典的时候,他收到了巴拉凯借此与他断绝关系的信。"我不再希望在这桩丑闻中或充当演员或充当看客"。[2]巴拉凯死于1973年,最终被他对"一小杯白葡萄酒"的贪恋击倒了。

---

[1] 参见 Jean-Louis Calvet, *Roland Barthes: A Biography*, trans. Sarah Wykes (Cambridge, 1994)。

[2] Jean Barraqué, *Ecrits*, ed. Laurent Fenneyrou (Paris, 2001), p.26.

三 《古典时代疯狂史》

福柯处于一种离奇的状态之中。他已然中断合同条款，显然面临着失业。杜梅泽尔出手救了他。根据1958年2月签署的法国—波兰协议的条款，一个法国文化中心将于秋天在华沙开办。与此同时，一个波兰文化中心也将在巴黎开办。保罗·勒贝罗尔（Paul Rebeyrol）负责外交部"文化关系处"的语言教学部分，正在找人担任新中心的主任，杜梅泽尔正好有合适人选。老关系再次被利用：杜梅泽尔和勒贝罗尔曾在巴黎高师共事。福柯搬到了华沙。作为文化中心首任主任，他得到了大学校方的支持，但他也不可避免地与大使馆打交道。1958年至1960年，法国驻华沙大使是艾蒂安·比兰·德罗齐耶（Etienne Burin des Roziers），这个人与戴高乐无论是个人还是政治上都关系密切。对戴高乐和他的大使二人而言，华沙是东部的一扇策略之窗。1958年，波兰处于一种极度贫乏的状态之中。平均工资的购买力是全欧洲最低的。一如福柯后来所言，他已然从一个运转良好的社会民主国家，迁徙到了一个运转糟糕的人民民主国家。[1]

1944年8—9月的华沙起义之后，这座城市几乎被德军

---

[1] 'Entretien avec Michel Foucault' (interview with Ducio Trombador, late 1978), in *Dits et écrits*, vol. IV, p.78.

夷为了平地，其间苏联红军在维斯瓦河（Vistula）对岸消极地隔岸观火。福柯到达华沙的时候，华沙大部分地区依然处于一片废墟之中。他最初暂住于布里斯托尔酒店（The Hotel Bristol），现在已然被重建为五星级的布里斯托尔皇家艾美酒店（The Royal Meridien Bristol），但在1958年，新艺术（Art Nouveau）大楼是与奢华无关的，而频繁的停电则意味着福柯有时候不得不秉烛备课和写作《疯狂史》。他被期望负责的新中心什么设备也没有。在他能开始上课之前，福柯不得不首先采购桌椅之类基本设施，为假定的图书馆获取书籍和报纸。他以充沛的精力和应有的效率完成了这一切。

比兰·德罗齐耶对新来者印象深刻，两人很快就建立起了基于相互尊重的工作关系。他们的政治谈话证实了福柯的这一看法，即戴高乐并不像左翼的很多人所认为的那样，是某种意义的新或者准法西斯主义者。比兰·德罗齐耶的文化参赞已经被准假去完成他需要在回到巴黎之前完成的博士论文，现在正独自在喀尔巴阡山（Carpathians）工作。福柯成为他的非正式替代者。他在这个国家四处旅游，举办讲座、发表报告：对他在格但斯克（Gdansk）举办的关于阿波利奈尔（Apollinaire）的讲座，比兰·德罗齐

三 《古典时代疯狂史》

耶印象特别深刻。他甚至提出了让福柯正式担任他的文化参赞的想法。福柯乐于接受,但只能按照他自己的条件:他希望建立一个由诸文化中心构成的全国网络,所配备人员不是低级别的外交官,而是他将从法国大学招募的波兰专家。由于前任大使委婉地形容的"意想不到的情形",该计划化为了乌有。[1]

虽然波兰正在变得日益压抑,但福柯工作的大学校园依旧是一座自由岛;他开始接触当地作家和知识分子。这难免引起了秘密警察的注意。同样如此的还有福柯的准外交官身份,以及在大学校园里并非秘密的他的同性恋者身份。有人设计了经典的美人计。福柯与一位作为线人的年轻人开始了不明智的关系。根据推测,这个线人来自"资产阶级—民族主义"背景,同意充当线人是他为他的大学教育付出的代价。美人计被识破,福柯被他的大使召见。他被建议尽快离开华沙。福柯所谓的"波兰自由的棘手光辉"给他留下了持久的印象,为他打了永远预防苏联式社会主义的预防针。[2]他过去的"哲学老师"路易·吉拉尔转述他的话说,波兰唯

---

[1] Etienne Burin des Roziers, 'Une rencontre à Varsovie', *Le Débat*, 41 (September-October 1986), pp.132–136.

[2] *Dits et écrits*, vol. IV, p.344.

一错误的地方就是社会主义。虽然福柯没有保持他在华沙建立的任何联系,但他对这个国家保有一些兴趣——在他离开波兰差不多 20 年之后,波兰成为他政治关注的焦点。

令人吃惊的是,华沙的这一不幸事件几乎没有对福柯的文化关系事业产生影响。比兰·德罗齐耶站在了他一边,为他提供了很好的推荐信。为了得到在汉堡的新职位,只需要到外交部去拜访一次十分包容的勒贝罗尔。现在福柯是那里的文化中心主任,搬进了为他在海德马尔街(Heidmar Strasse)提供的住处。他的职责与他在乌普萨拉和华沙时相同。演讲和授课均有安排。让·科克托(Jean Cocteau)的一个剧本上演了。在六月的一封私人信件中,科克托向他表示了感谢,这封信福柯在其余生中一直保存着。

虽然福柯的主任身份很显赫,但他并不推卸更为细枝末节的任务。小说家皮埃尔·加斯卡尔(Pierre Gascar)在汉堡下火车的时候,他希望有司机或某位低级别的职员去接站。实际上,阴郁的福柯去迎接了他,福柯举着一张上面写有"法国文化处"的牌子,戴着一顶德国风格十足的毡帽。加斯卡尔来过法国文化中心,但他来访的主要记忆是在主任的带领下游览了圣保利(Sankt Pauli)红灯区。福柯带他去了脱衣舞夜总会和下流酒吧,在那里年轻人以"博士先生"称

三 《古典时代疯狂史》

呼他。阿兰·罗布－格里耶（Alain Robbe-Grillet）、巴特和当时的法国侦探小说之王让·布鲁斯（Jean Bruce）等人来汉堡推广法国文化的时候，他们成为这种异乎寻常的"文化关系"的另一批受惠者。按惯例，福柯也让他们在导游的带领下，参观了他已然烂熟于心的该市艺术馆。[1]

理论上讲，福柯的任期是三年，但他的事业再次改变了方向。从康吉莱姆那里听说克莱蒙－费朗大学（University of Clermont-Ferrand）有一个职位空缺之后，他决定回归法国学术界，并且下决心提交《疯狂史》为博士论文。他并不处于最有利的位置。他从未在法国大学有过全职教职。虽然《疯狂史》行将完成，但在其流浪的这些年间，福柯几乎没有产出。在此期间，他的唯一出版物是他与丹尼尔·罗谢（Daniel Rocher）合译、面世于1958年的《格式塔疗法》（*Der Gestaltkreis*），其原作者是神经精神病学家维克托·冯·魏茨泽克（Viktor von Weizsaker）。除此之外，他的论文发表记录并不理想。因为福柯的冗长导言，韦尔多的《梦与存在》的译本并不成功，三年仅仅售出了300—400册。余下的印

---

[1] Pierre Gascar, 'La Nuit de Sankt Pauli', in *Portraits et souvenirs* (Paris, 1991), pp.63–94.

刷品后来被送进了纸浆厂。福柯本人现在对《精神病与人格》并不满意。一如罗歇·巴斯蒂德（Roger Bastide）在其关于福柯提及的博士学位论文的报告中所说的那样，福柯的早期作品是不错的，但"级别太低"。[1]福柯尚未开始在学术期刊上发表文章，因此在一个非常小的圈子之外几乎不为人所知。另一方面，这个人数有限的圈子包括了一些重量级人物。康吉莱姆、伊波利特、杜梅泽尔和阿尔都塞等都是颇具影响的人物，他们的大名为福柯提供了入场券。正是康吉莱姆向现在负责克莱蒙－费朗大学哲学系的于勒·维耶曼提及了福柯的名字。

伊波利特和康吉莱姆现在都已看过福柯的多版手稿。虽然伊波利特持有一些保留意见，但康吉莱姆深信它俨然就是一篇博士论文，无须再做任何修改。在注明日期为"1960年2月5日于汉堡"的《疯狂史》第一版的前言中，福柯感谢了康吉莱姆的帮助：他"在并非事事顺遂的时候，为我出谋划策"[2]；有时候有人说康吉莱姆是他的导师。康吉莱姆始终否认这一点。因为《疯狂史》原本没有被拟定为博士论

---

[1] 转引自 Didier Eribon, *Michel Foucault* (Paris, 1989), p. 155。

[2] Preface to first edition of *Folie et déraison* (Paris, 1961), in *Dits et écrits*, vol. I, p. 167.

三 《古典时代疯狂史》

文,所以其作者没有通常意义上的导师。福柯曾独自在乌普萨拉、华沙和汉堡工作。虽然论文的一大部分都是在乌普萨拉的图书馆里完成的,但福柯的脚注和参考书目表明,他也曾在巴黎的国家图书馆(Bibliothèque Nationale)和国家档案馆进行了相当广泛的研究。

当时,博士候选人必须提交两篇论文。主论文通常关涉某一符合规范的学术主题,而稍短的副论文则是关于某一更加体现个人兴趣的话题。福柯反转了惯例。《疯狂史》是他的主论文,他的副论文是对康德的"实用主义视野下的人类学"(Anthropology from a Pragmatic Point of View)的评论与翻译。[1] 这是一篇很扎实的学术之作,专注于文本年代推定等传统问题。它可能不需要大量工作,因为福柯曾在巴黎高师讲过这个主题,对材料相当熟悉。出难题的是《疯狂史》。在克莱蒙—费朗大学的职位获批之前,福柯必须为《疯狂史》找到出版商。结果证明并不容易,尤其是因为福柯并不希望只有一个纯粹的学术读者群,因此拒绝了德莱将它列入他为法兰西大学出版社编辑的一个系列而出版的提议。福柯把它

---

[1] Immanuel Kant, *Anthropologie du point de vue pragmatique*, trans. Michel Foucault (Paris, 1988).

交给了伽利玛出版社（Gallimard），但它很快就遭到了拒绝；就像现在一样，当时该出版社是法国的顶级出版社。极度失望的福柯开始在别处寻找机会，最终将手稿送交给了普隆出版社（Plon），这或许是他受到了如下事实的鼓励的结果：1958年，普隆出版社出版了克劳德·列维－施特劳斯（Claude Lévi-Strauss）的同样曾被伽利玛出版社拒绝的《结构人类学》。福柯在普隆出版社也有熟人：他在里尔教书时认识的雅克·贝勒弗鲁瓦是那里的特约审稿人。福柯记得过了很久都没有消息。当他去伽杭塞尔街（rue Garancière）的普隆出版社办公室索取他的手稿的时候，他被告知在他们能把手稿还给他之前，他们得先找到它。最终，它被发现留在一个抽屉之中，并被转给了菲利普·阿利斯（Philippe Ariès）。[1]

阿利斯并不是学者，而是为促进热带水果的生产和消费而建立的一家机构的资讯官。这家机构是后来的"开发援助机构"（development aid agencies）的前身，其历史就像其资讯官一样奇特。它是维希政府时期建立的，换言之，是在没

---

[1] Michel Foucault and Arlette Farge, 'Le Style de l'histoire', *Libération*, 21 February 1981, p.20.

三 《古典时代疯狂史》

有热带水果可以进入法国、法国人怎么也不可能买得起热带水果的时候建立的。因此,阿利斯在占领期间建立了一套归档系统。他也有第二人生,他将自己形容为"星期天历史学家",就像人们谈论一个"星期天画家"一样。他最近出版了颇具创新性的一本关于童年时代和家庭的历史书。他继续追求他的两种事业,一是围绕各种各样的历史话题进行写作,一是在1970年和1971年当选了农业信息专家国际联合会主席。

阿利斯也有几分古怪。年轻的时候,他一直是右翼"法兰西行动"(Action française)小组的活跃成员,始终是虔诚的天主教徒和君主主义者。虽然他经常去做弥撒,但晚年他做弥撒时却是戴着耳塞的,以便充耳不闻源自第二次梵蒂冈大公会议(Second Vatican Council)的一切"废话"。阿利斯虽然从未听说过米歇尔·福柯,他并不是哲学家,但还是对手稿赞叹不已。他上司对手稿的印象要差得多,经过他好一番劝说才让稿子被接受下来。[1] 阿利斯将手稿保存了下来,1961年5月,该书出现于他的《今昔文明》(*Civilisations d'hier*

---

[1] 参见 Philippe Ariès, *Un historien du dimanche* (Paris, 1980)。

et d'aujourd'hui）丛书之中。[1]

1960年10月，福柯回到了巴黎，再次居住在蒙日街。那个月他在克莱蒙—费朗大学的任职得到了批准。他再次被任命教授心理学。同月，罗贝尔·莫齐引见他认识了一个将改变他一生的人。丹尼尔·德菲刚入圣克鲁高等师范学校（École Normale de Saint-Cloud）。他20岁出头，相貌堂堂，生气勃勃，也是一名政治活跃分子，帮助组织现在已临近尾声的阿尔及利亚战争的反对派。福柯从未见过与他很像的人。两个人几乎旋即开始了激情四溢的关系。不久，他们决定将共度余生。

在法国，博士学位答辩是公共事件；5月20日星期六，索邦的路易·利亚德（Louis Liard）阶梯教室内人满为患。丹尼尔·德菲与让－保罗·阿隆相邻而坐，阿尔都塞和康吉莱姆都曾鼓励他们的学生来旁听。因为资历的缘故，答辩委员会由亨利·古耶（Henri Gouhier，又译亨利·古叶）担任主席。关于康德的副论文是由伊波利特和专攻文艺复兴与中世纪研究的莫里斯·德·冈迪亚克（Maurice de Gandillac）

---

[1] Michel Foucault, *Folie et déraison: histoire de la folie à l'âge classique* (Paris, 1961); trans. by Richard Howard as *Madness and Civilisation: A History of Insanity in the Age of Reason* (London, 1967). 英译本为1964年版的删节版。

三 《古典时代疯狂史》

评审，而《疯狂史》则是由康吉莱姆和现在担任病理心理学教授的丹尼尔·拉加什评审。一如博士候选人所总结的，答辩从讨论关于康德的论文开始。古耶对副论文的印象很深刻，但是建议译文可以做一些修改。不然，它很可能就是一个完美批评版本的雏形。福柯没有采纳该建议。1964年，译文由弗兰出版社（Vrin）出版，但130页的论文被压缩成了一篇很短的历史导言。稍事休息之后，讨论转向了《疯狂史》，答辩委员会提出了更多反对意见。拉加什对关于医学和精神病学历史的假设进行了质询，而古耶则认为对阿尔托（Artaud）、尼采和内瓦尔（Nerval）等人的关注过多了。尽管有反对意见——它们在答辩的论争语境中是可以预料的——福柯表现良好。下午结束时，古耶宣布他已获得文学博士学位，以及由国家科学研究中心（Centre National de Recherche Scientifique，又译国家科学研究院）颁发的铜质奖章。

虽然《疯狂史》为福柯挣得了博士学位，但它是一部相当稀奇古怪的论文。没有摘要，没有任何类似于真正的导言或者结论的东西。福柯完全忽视了对关于其主题的现有文献进行综述这一学术传统，很少参考任何二手资料。他的方法论并没有被详细介绍，虽然大多读者可以看出，它与所谓的心理学派的历史有着极大相似性。与该学派有联系的历史学家，比如阿利斯，以这样的一种方式聚焦缓慢的、几乎不可感知的变化，即对待死亡的态度随着时间的变化而变化和演进的方式，或者"童年"这样的概念逐渐变化的方式。

福柯的主题可以大致被描述为从旧概念"愚蠢"（folly）到现代概念"精神疾病"（mental illness）及其医学化的缓慢演变。"疯狂"（folie）是一个模糊的词语，一个不易翻译的词语。它同时涵盖"疯癫"（madness）和远为古老、远为模糊的"愚蠢"一词，一如伊拉斯谟（Erasmus）所赞扬的那样，以及一如李尔王和他的弄臣（fool）双双所体验的那样。即是说，它可以同时意味着疯狂和圣愚（holy fool）或者空想家可资利用的更为高级形式的理性。"非理性"（Déraison）可能看起来很像福柯新造的一个词汇，但它实际上是一个中世纪词汇，表示理性在思想、言语或者行为之中的缺失。

在福柯的早期著述中，"精神疾病"被描述为个人存在于世或者感知世界的一种方式，其分析聚焦于个人主体的经验。现在它被视为理性排除、驱逐它视为"非理性"的一切的产物。一如福柯将在他的第一次媒体采访中所指出的那样，"疯癫仅仅存在于社会内部"，因为正是社会及其机构通

三　《古典时代疯狂史》

过定义非理性的形式生产了它。[1]古典时代的理性中断了在中世纪和文艺复兴时期曾经有可能发生的与"疯狂"的对话，并使之沉默。福柯的第一部著作试图重温这种沉默的历史或者痕迹。

这本书开篇引人注目地提及中世纪末麻风病在欧洲的消失。随着麻风病院开始腾空，随着麻风病患者在市镇边缘偏僻地区的消失，一种新的恐惧开始笼罩欧洲。沿着莱茵兰（Rhineland）和佛兰德斯（Flanders）水流和缓的河流和运河，缓缓地漂游着一种奇异的船：载有"人货"疯子和傻子的愚人船（Narrenschiff）。倘若中世纪一直受困扰于对麻风病、战争或者瘟疫死亡的恐惧，那么文艺复兴时期则受困扰于某种内在于人类状况的东西：疯癫和非理性。在莎士比亚和塞万提斯的著作中，愚蠢嘲笑理性，一如在博斯（Bosch）、勃鲁盖尔（Breughel）和戈雅（Goya）等人的画中那样，但它尚未被以医学术语定义。愚蠢遭到了17世纪或者古典时代的"大禁闭"（Great Confinement）的压制。1656年，一纸王室命令建立了巴黎收容所（Hôpital Général），规定其任务是监禁穷人、病人、流浪者、乞丐、浪荡子和梅毒病人。

---

[1] 'La Folie n'existe que dans une société', *Dits et écrits*, vol. I, pp.167–169.

监禁这样的异质人群并不仅仅是将疯癫者收监,而是将疯癫等同于违背某种理性的标准的所有其他范畴,这种理性对它自身的理性非常自信。与此同时,一种实用版本的理性将所有那些被认为已然僭越他们团体或者社会的标准的人禁闭起来。因此,疯癫并非是单一的范畴:非理性可以通过司法、医学、社会或者甚至神学术语进行界定。正是巴黎收容所之类机构的存在使得更为清晰、更加可辨的疯癫概念的出现成为可能。17 世纪,各机构借用暴怒、精神错乱、忧郁症,甚至愚蠢等概念;不到一百年,皮内尔(Pinel)和埃斯基罗尔(Esquirol)等精神病医生(mad-doctor)则指向了歇斯底里、抑郁症和神经疾病等情况。就这个程度而言,约克收容所(York Retreat)——它是塞缪尔·图克(Samuel Tuke)1796 年创办的——之类机构的创办,并不是对某种业已存在的疯癫定义的回应,而是定义和创建这种定义的力量之一。就像在康吉莱姆的科学史中那样,并不是经验性发现导致进步,而是概念的重组决定疯癫或者非理性之类的对象何以被感知。

1794 年,当菲利普·皮内尔(Philippe Pinel)斩断被监禁在巴黎比塞特收容所(Bicêtre asylum)的那些人的脚链手铐的时候,发生了法国古典精神病学历史上最为重要的变化。但这不仅仅是一种毫不含糊的解放。摆脱他们被禁闭于其间的束缚和沉默,疯癫者现在受制于他们医生的权威。在皮内尔设计的新制度中,他们现在必须表明和承认他们是疯癫的:承认他们疯癫现在是他们得到治疗的前提。正是这一制度推进了临床精神病学的诞生。在这里,治疗实践重合于并借鉴了宗教的忏悔概念,对此福柯将在1975年之后投入大量心血。

《疯狂史》的潜在观点之一是理性与禁闭从来不会成功压制非理性。这部著作就像它所描述的机构那样,在围绕着疯狂的近乎寂静的世界里,充斥着喃喃低语的声音。它们是这些人的声音:内瓦尔等诗人,宣称自己同时为基督和狄奥尼索斯的尼采,将启蒙理性推向极致并将其曲解为其对立面的萨德,将梵高形容为"社会的自杀"、其语言与理性实际上于1947年崩溃在维厄·科隆比耶剧院(Vieux Colombier theatre)舞台上的阿尔托。它们的视觉对应物是梵高的晚期画作、博斯的噩梦幻象画,以及戈雅的《大异象》(*Disparates*)和《狂想曲》(*Caprichos*)。用当下术语来讲,这种嘀嘀咕咕的非理性声音是文学先锋的声音。它们是拒绝在贝克特(Beckett)的散文之中保持沉默的近乎匿名的声音。在巴拉凯的音乐中,类似的声音在歌唱;在乔治·巴塔耶着力描述那些预示着将要毁灭理性与主体性等物的极限经验（expérience-limite）的僭越性文本中，它们在发言。这些声音始终萦绕在福柯心中。

四 知识的无意识

克莱蒙－费朗大学的职位开启了福柯生命中的一个稳定得多的时期。第一次,他在法国的大学里拥有了一个永久的、全职的职位。他早就着手与丹尼尔·德菲的关系了,这种关系倘若不是严格意义的单一性伴侣的,也将是稳定的、相互支持的、长期的。他的第一部重要著作已然出版,他获得了他的博士学位。

1959 年 9 月,福柯的父亲去世。父子间的关系很可能并不理想,但福柯获遗赠的钱足以购买一套公寓。他的新家位处第十五区费雷博士街(rue du Docteur Finlay)的一幢高层建筑的顶楼,可以一览塞纳河的美景。这个地区正在被重新开发,它是巴黎最早开发的有高层建筑的地区之一。很多人觉得这个地区没有灵魂,但它是现代的,这对福柯而言最为紧要。像巴黎一样,整个法国正在着手一个期盼已久的现代化时期,但一些东西却一成不变,或者变得更加糟糕了。1960年7月,国民议会正式通过了保罗·米尔盖(Paul Mirguet)建议的一条修正案。它要求政府着力消除诸多"社会病",即肺结核、酗酒、卖淫和同性恋。对"关涉同性个人的下流行为"的罚金被提升至对异性恋者征收的罚金的两倍。

福柯在克莱蒙-费朗大学的职位并未改变他的生活习惯。他从未在奥弗涅(Auvergne)的首府居住过,在那里待的时间尽可能少,坐六小时火车旅行到南部,回巴黎之前找一家旅店过夜。他的社会心理学和儿童心理学课程托转给了助教,他主讲普通心理学,这门课是用非常笼统的术语来界定的,以至于他几乎可以畅所欲言。他在这个时期的演讲统统没有发表,或许仅仅以笔记的形式而存在,但假定福柯遵循他的惯常做法,至少其中有一些很可能是《词与物》(*Les Mots et les choses*),那部即将在1966年夏把他推到聚光灯下的著作的雏形。

哲学系不大,但福柯拥有随和的同事。比福柯年长六岁的于勒·维耶曼是一位知名学者,已然撰文广泛论述过康德、笛卡儿、数学与代数哲学(philosophy of mathematics and algebra)。相较于大多学者,年轻一些的米歇尔·塞尔(Michel Serres)拥有更具异国情调的事业,他在接着参加他的哲学会考、获得数学学位之前，在航海学校（École Navale）获得了航海文凭（diplôme de marine）。唯一的现实难题是罗歇·热罗蒂（Roger Garaudy），他是法国共产党手中最接近官方哲学家的人物，是法国共产党政治局颇具影响的成员。热罗蒂已然获得诸多名号，将获得更多名号。他原本是忠心耿耿的斯大林主义者，现在是赫鲁晓夫的钦佩者、福柯所厌恶的普普通通的马克思主义人道主义的支持者。让事情更加糟糕的是，热罗蒂是最尖刻的阿尔都塞批评者之一，而福柯保持着对他过去导师的忠诚。20世纪70年代，热罗蒂因为"宗派主义"被法国共产党除名，结果皈依了基督教，后来在最终转向否认大屠杀和反犹主义之前皈依了伊斯兰教。目前，他是福柯所讨厌的人。哲学系原本希望热罗蒂这个职位由最近刚出版了其重要著作《尼采与哲学》（*Nietzsche et la philosophie*）的吉尔·德勒兹（Gilles Deleuze）来担任，但他从未被任命。据传是在乔治·蓬皮杜（Georges Pompidou）的坚持之下，热罗蒂被硬塞进了哲学系。共产主义者与戴高乐主义者之间的联盟这一概念不像它听起来那样不可能：二者曾是巴黎高师的同学。福柯可能是怀恨在心的、刻薄的，就像他可能宽宏大量一样；他绝不浪费可以为难、羞辱热罗蒂的机会，尤其是在公众场合。鲜有人对这位共产主义者有太多同情,他最终被迫离职;没有人怀疑福柯对他的处理。另一方面,福柯放弃资格更胜一筹的女候选人而任命德菲为助教的时候,确乎引发了一桩丑闻。

福柯的现实生活是在巴黎。尽管有米尔盖修正案,在巴黎做男同志比在一个外省城市容易得多。现在他定期与巴特共进晚餐,经常一周数次,有时候是与其他朋友,但更为经常的则是独自一人与巴特共进晚餐。无论是拓展他的朋友圈和熟人圈,还是通过巴特与艺术家、作家皮埃尔·克洛索夫斯基(Pierre Klossowski)见面,或者在社交场合与女演员西蒙·西涅莱(Simone Signoret)及她丈夫伊夫·蒙当(Yves Montand)会面,都易如反掌。福柯也在开始成为某种意义上的公众人物。5月31日,仅仅在他的论文答辩10天之后,他接受了妮科尔·布里斯(Nicole Brice)代表法国电台"法兰西－文化"(France-Culture)频道的访谈。7月22日,让－保罗·韦伯(Jean-Paul Weber)的一次简短采访登载于《世界报》的内页。福柯被描述为宾斯万格著作的"非凡"导言的作者,最近被提升到了"众所周知甚至著名哲学家的地位"。虽然简短且并不非常具有启示性,但这些访谈是重要的,因为长期以来,《世界报》一直是学术—思想界与见多识广但非专家的大众之间的主要共同界面之一。福柯总是不愿意囿于纯

四 知识的无意识

学术领域。较为典型的是,他并未采纳亨利·古耶的建议,将他讨论康德的论文改为全面评述版;他从未向经典学术期刊投稿,比如备受推崇的《形而上学与伦理学杂志》(*Revue de Métaphysique et de Morale*)。

尽管其知名度渐长,但福柯的《疯狂史》并不十分成功。直到1964年,初版印刷的3000册才最终售罄。它并没有引起广泛议论,但评价大多是正面的。更重要的是,它们是出自对福柯而言关系重大之人的手笔:巴特、塞尔、拉克鲁瓦、历史学家罗贝尔·芒德鲁(Robert Mandron)和费尔南·布罗代尔(Fernand Braudel),而其中最为重要的人是莫里斯·布朗肖。第一版售罄时,普隆出版社拒绝了原样重印。然而,1964年,一个大幅删节的版本出现了。这个版本非常畅销,数次重印。以口袋书形式(livre de poche)出版严肃的哲学和历史著作依然是某种意义上的新生事物,按照在火车站书报摊出售的书籍类型出版,福柯既感到高兴又觉得有趣。

现在,位于黎塞留街(rue Richelieu)的国家图书馆是福柯的实际工作场所,他几乎每天都在那里,进进出出时高兴地和熟人们打招呼,但从不和他们讨论他进行之中的工作。有着铸铁柱头和玻璃穹顶的主阅览室可谓是怡人的工作场所，尤其是在幽暗的下午，这时书桌上的个人阅读灯浸淫在安静、柔和的灯光之中。福柯通常在"半圆"里工作，那是一个凸起的区域，由问讯处和图书流通台与阅览室相隔，通常是为查阅珍本或者易损毁书籍的那些读者预备的。他总是长时间地在这里工作，在递送给他的书上做笔记，仔细地把引文抄录到通常在学校里被使用的那种练习本上。然后，引文被用黑色或者浅蓝色墨水抄写到单独的卡片上，卡片被保存在文件夹中，按题目和主题归类。文件和文件夹中也有手写的关于未来工作和无数项目的计划，这些工作和项目很多都从未实现。福柯也时常在家里工作，盘腿坐在地板上，把一张平衡在他双膝上的木板用作桌子。他的工作方法从来不会发生重大改变。它们让他对自己所选取的文本有一种身体的亲密感，这一点是任何其他方法都无法做到的。一如他曾经向他的朋友克劳德·莫里亚克（Claude Mauriac）所说的那样，手抄引文既是一种"老套和奇怪的练习"，也是一种"辛苦和令人着魔的职业"，而复印则毁掉了文本的魅力——"当你眼前和手中不再有印刷页面的时候，文本几乎是无生命的"。[1]

---

[1] Claude Mauriac, *Et comme l'espérance est violente* (Paris, 1986), p.595.

四 知识的无意识

福柯现在开始大量发表著述,确切地说,他的第一部重要著作的出版似乎已然释放出巨大能量。1961—1966年间,他在文学期刊上发表了一系列文章和评论。它们讨论荷尔德林、雷蒙·鲁塞尔(Raymond Roussel)、福楼拜、罗歇·拉波特(Roger Laporte)、与《如是》(*Tel Quel*)杂志有联系的小说家、马拉美、克洛索夫斯基的非常之作,于其间情色与准神秘(quasi-mystical)主题融为一体,产生出一种非常令人不安的效果。曾经,福柯似乎有成为精神病医生的可能;现在,文学福柯的出现看起来更有可能性,但他从未真正出现。这些文章的真正趣味在于它们勾勒出一种个人美学:因为这种美学,写作的真正主体是语言本身;在这种美学中并不存在原始或者前语言的意义源头。在克洛索夫斯基或者马拉美的著述中,经常很难准确说出"谁"在言说,因为正是**语言(language)** 在言说。在他们的作品中被听闻的,是在《疯狂史》中喃喃自语的声音的一种文学对应物;它在谈论主体性的瓦解、传统的作者概念的死亡。[1]

相同议题的一个远为持久不衰的版本可以见诸《雷

---

[1] 关于文学福柯,参见 Simon During, *Foucault and Literature: Towards a Genealogy of Writing* (London, 1992)。

蒙·鲁塞尔》(*Raymond Roussel*),它是福柯致力于文学主题的唯一著作。一如他在与该书的美国译者查尔斯·鲁亚斯(Charles Ruas)的访谈中所解释的,该书诞生于一次偶遇。1957年夏造访巴黎期间,福柯"从卢森堡花园"信步走进了"马路对面的那家大书店"。美第奇街(rue Médicis)的这家书店的老板是书商、出版商约瑟·科尔蒂(José Corti)。等待科尔蒂结束他与一位朋友正在进行的谈话的时候,福柯无所事事地浏览到了一本黄色封面的旧书。那是鲁塞尔的《视》(*La Vue*)的第一版,《视》是一首描述雕刻在笔架上的海滨风景的长诗。福柯在终于得到机会的时候,询问了科尔蒂,鲁塞尔是谁。科尔蒂看了看他,其表情显然在暗示人人都应该知道鲁塞尔是谁。因为对他自己的无知感到尴尬,福柯问了问他是否可以买下这本书,而且总是回想起它价格不菲。后来,科尔蒂建议他阅读《我是如何撰写我的某些著作的》(*Comment j'ai écrit certains de mes livres*),鲁塞尔在书中解释了左右其貌似混乱的叙事的严谨原则。福柯发现了一种新热情,它近乎让人着魔一般但被秘而不宣:"他是我数个夏天的最爱……而没人知道这一点"。[1]

---

[1] 'Postscript' to Michel Foucault, *Death and the Labyrinth: The World of Raymond Roussel*, trans. Charles Ruas (London, 1987), p.185.

四 知识的无意识

终其一生，鲁塞尔（1877—1933）几乎一事无成。他非常富有，也非常古怪，能够提供资金出版自己的书籍、上演自己的戏剧，以及承受不可避免地产生的巨大损失。超现实主义者曾对他的作品表示出了一些兴趣，但到1957年的时候，他几乎已然被除少数行家之外的所有人遗忘，福柯实际上无须为自己的无知感到尴尬。鲁塞尔的著作以难解的双关语和意义转移为基础，这些双关语和意义转移然后被用于生成奇异叙事，而叙事最终不过是关涉它们自己的生产而已。《非洲印象》（*Impressions d'Afrique*）第四版（1932年）上粘贴有一纸条，建议读者从第十章开始阅读，第十章是这样开头的："去年的3月15日……"这样读者会发现自己陷入了一伙遭遇了海难、被扣押在某个非洲王国等候赎出的游客的冒险之中。在他们等待使者即将带着赎金归来的时候，他们准备了本书以之开篇的欢快晚会。在耐心的读者面前日渐清晰的是，该小说的基础是错综复杂的双关语。对福柯而言，《非洲印象》是一座语词的迷宫，但它受死亡支配。叙事中的文字游戏例证之一关涉一台（编织生活与语词的）织机，它立在一个如棺材一般的上锁的盒子上。死亡处于迷宫叙事的核心。

《雷蒙·鲁塞尔》是第一本将由伽利玛出版社出版的福

柯著作，它于1963年5月问世。当月他还出版了一本书，这两本书在彼此迥异的同时，也惊人地相似。《临床医学的诞生》(*Naissance de la clinique*)出现在康吉莱姆为法兰西大学出版社编辑的一个系列里，它讨论的是现代医学的诞生。[1] 在福柯撰写的著作中，关于鲁塞尔的这一部是最为中规中矩的，甚至是最为讲究的。《临床医学的诞生》以一个带着质朴的美的句子开篇："这是一部关于空间、语言和死亡的著作；它讨论的是目视"，其诗意的庄重是难以用英语捕捉的。它涉及当医生不再问"你怎么了"，而是开始问"伤到哪里了"的时候，所发生的变化。它涉及福柯所谓的"医学目视"(medical gaze)的出现。过去的医学非常像临床精神病学，通过相似性和类推将疾病归类为彼此相关的"种类"(species)：黏膜炎联系着喉咙，一如痢疾联系着肠道。唯有在种类已然被识别的时候，治疗方能开始。新医学记录疾病的序时发展，着眼于它何以在通过身体显现出来的体征上留下其发展。新的医学目视着眼于身体，而不是抽象的种类。这是可以做到的，因为医生们已然注意到杰出的比较解剖学

---

[1] Michel Foucault, *Naissance de la clinique* (Paris, 1963); trans. by A. M. Sheridan as *The Birth of the Clinique* (London, 1973).

四 知识的无意识

家比沙(Bichat)的建议:"打开几具尸体。"现在目视聚焦身体的空间组织:现在死亡被要求解释疾病,最后是生命本身。一如在鲁塞尔的著作中那样,死亡处于迷宫的核心。正是死亡和死尸提供了关于生命的医学知识;根据比沙的定义,生命即抵制死亡的各种力量的总和。

随着他越来越多地进入到公共领域,福柯结交了颇具影响的朋友,但也树了敌,有时候是在意料不到的地方。1963年3月4日,雅克·德里达(Jacques Derrida)就"自我思想与癫狂史"(the cogito and the history of madness)发表了公开演讲。[1] 德里达是福柯在巴黎高师的学生,他以赞扬他的"导师"开场,接着则质疑了"导师"对笛卡儿的一段话的阐释。其主要批评是以细读福柯著作为基础的,影响要大得多:福柯试图勾勒疯癫抑制的考古学,这实际上是在复制针对疯癫之所为。甚至更糟糕的是,该书表达的是一种结构主义的极权主义,复制了古典时期针对疯癫的暴力。福柯端坐在听众中间,但一言未发。一如德里达很可能知道的,福柯是一个记仇的人,有时候会记很久;当他最终回击的

---

[1] Jacques Derrida, 'Cogito et histoire de la folie', in *L'Ecriture et la différence* (Paris, 1967), pp.51–99.

时候，他报以激烈的言辞。

1963年，福柯和巴特应让·皮埃尔的邀请，联袂诗人、评论家米歇尔·德吉（Michel Deguy）加入巴塔耶在1946年创办的刊物《批评》（*Critique*，又译批判）担任编委。[1] 1962年，巴塔耶去世时，编辑工作传给了皮埃尔，他急于为刊物输入新鲜血液。德吉对福柯发表在该刊1962年7月那一期上的那篇关于两部18世纪小说的文章，以及《疯狂史》留下了深刻印象，他致信皮埃尔建议他们必须让福柯加入编委会，或许德吉并不知道皮埃尔已然在1946年见过福柯。福柯与巴特二人接受了邀请。《批评》每月都出版，始终介绍自己是"对法国和外国出版物的综述性评论"。被讨论的"出版物"几乎全都是关乎文学或者哲学，对它们的讨论见诸鸿篇巨制、严肃的评论文章。《批评》并非一份政治刊物。不同于历史悠远得多的《新法兰西评论》（*Nouvelle Revue Française*），它并不属于才子佳人（belle lettriste）传统，总是贴近于当时的先锋派运动。不同于其主要对手，它并不受任何一种趋势支配。《现代》（*Les*

---

[1] 关于福柯与《批评》（*Critique*），参见 Sylvie Patron, *Critique, 1946–1996: une encyclopédie de l'esprit modern* (Paris, 1999)。

Temps modernes）创刊于 1945 年，是萨特—波伏娃集团的喉舌；《精神》（*Esprit*）受左翼天主教鼓舞。而《批评》之爱是纯粹的思想与文学之爱。

摆在新编委面前的第一大任务是准备"向乔治·巴塔耶致敬"（Hommage à Georges Bataille）专刊，预计将在 1963 年秋出版。编委会和皮埃尔定期举办月会，要么是在某家餐馆，要么是在皮埃尔的位于讷伊（Neuilly）的家中。餐馆必须在期刊办公室附近，因为皮埃尔的跛足意味着他无法远足。他编辑刊物的办公室是在伯纳德－帕里西街（rue Bernard-Palissy）的子夜出版社（Editions de Minuit）的办公场所内，非常狭窄，很难挤进四个人。令人高兴的是，它离酒吧和餐馆云集的圣日耳曼德佩（Saint Germain des-Prés）不远。

1963 年 8—9 月，巴塔耶专刊出版，撰稿人包括巴特、布朗肖、克洛索夫斯基和其他人。福柯的贡献是"越界之绪论"（preface to transgression）。[1] 巴塔耶的著作涵盖了五花八门的主题，从岩画到马奈（Manet），但受源自涂尔干

---

[1] Michel Foucault, *Dits et écrits* (Paris, 1994), vol. I, pp.233–49. 关于巴塔耶，参见 Michael Richardson, *Georges Bataille* (London, 1994)。

(Durkheim)社会学、马塞尔·莫斯(Marcel Mauss)所概述的礼物人类学的主题支配。社会是由位处社会边缘、界定个人行为的"神圣者"的经验所决定的。他时常谓之为"边界经验"(l'experiénce-limite)。神圣者通过极端情绪、玩弄或者非生育性事之类无效活动、身体发泄等证明其存在,而所有这些都是社会希望排除的。它最为真实的表达就是美国印第安文化的赠礼仪式,于其间大量财富通过某种炫耀性的浪费展示被毁掉、被抛弃。巴塔耶也论述色情,但那是非常令人不安的,因为他的性事观既是暴力的,也是肮脏的。性事是遇到并超越人类社会限度的一种方法,其极限是死亡。色情通过性高潮达到极限,性高潮即暂时消除任何主体性意识的"小死"(little death,又译欲仙欲死)。对福柯而言,巴塔耶的著作就像尼采的著作一样,是对上帝之死和它所创造的真空的回应;它标志着一切关于主体性的哲学的终结。

早来晚走、日复一日地工作在图书馆的主要产出是1966年4月出版的《词与物》。[1] 这是最终确立福柯为法国主要思想家之一的著作。在法国出版史上,1966年是最为不同寻常

---

[1] Michel Foucault, *Les Mots et les choses* (Paris, 1966); as *The Order of Things* (London, 1970).

四　知识的无意识

的年份之一。它目睹了这些著作的出版：拉康的《著作集》（*Ecrits*）、巴特的《批评与真理》（*Critique et vérité*）——这是他对传统"文学批评"最为犀利的批评，以及收录在热拉尔·热奈特的《修辞》（*Figures*）中的精致的结构主义论文。前一年已然目睹阿尔都塞的《保卫马克思》（*Pour Marx*）和合著《读〈资本论〉》（*Lire 'Le Capital'*）的出版。这是结构主义的时代，是渐渐众所周知的"法国理论"的时代，至少在法国之外是如此。特别复杂和艰涩的书籍突然间变成了畅销书，虽然被买的书比被读的书要多得多。拉康的口号"无意识像语言一样被建构"挂在了人们的嘴边，甚至严格律己的康吉莱姆也一度时髦。福柯真心认为，他至多是为一些专家写了一本书，结果初版印刷的3000册一周之内即售罄；8月，圣日耳曼的一家知名书店——桅楼书店（La Hune）——报告说，它正"热销"。当月的前两个星期，《词与物》进入了《快报》（*L'Express*）的非虚构类畅销书排行榜。[1]

《词与物》很快就被视为了结构主义的"圣经"之一，但这种认识在某种意义上是错误的。20世纪60年代中期的结构主义主要源自瑞士语言学家费尔迪南·德·索绪尔

---

[1] *Le Nouvel Observateur*, 10 August 1966, p.58.

（Ferdinand de saussure）；在他身后出版的《普通语言学教程》中，他把自然语言形容为一个符号系统，而自然语言之所以产生作用，不过是因为构成它们的符号不同。符号由能指和所指构成；它们二者之间的关系、它们所标示的对象据说是主观臆断的：并不存在"cat"（猫）一词表示四足猫科动物的非语言原因。经过巴特和他人的普及，语言学的结构主义发展成了一个分析系统，这个系统被认为可以应用于几乎任何领域。虽然福柯经常发表关于结构主义的演讲，私下将《词与物》描述为他的"关于符号的著作"，但他难得使用结构主义这个术语。他自己的分析所使用的范畴比"符号"更丰富，集中于"话语"（discourse），它在某种意义上被宽泛地定义为一组受规则支配的陈述。倘若福柯曾让自己与结构主义结盟，他这样做是因为他视结构主义为"概念哲学"的一种变体。在这一语境下，"概念"（concept）可以被大致地描述为一种分析范畴，这种分析范畴不是源自经验，而是源自阿尔都塞谓之为"理论"的思想工作。概念的哲学密切联系着一种理论上的反人道主义，它主张人类行为并不决定于有意识或者理性的个人主体，而是非个人力量，比如无意识、经济和政治结构，或者福柯的"知识型"（episteme）。

四 知识的无意识

其副标题将《词与物》描述为"人文科学考古学"。福柯使用"考古学"——它不久便会被"系谱学"取而代之——来表示对某些东西的考察,这些东西可以让思想的某些形式成为可能甚至不可避免。考察专注于"古典时期"的博物学、经济学、语法学和语言学,而"古典时期"一如在《疯狂史》中那样,意指 17 和 18 世纪。福柯的观点是,被呈现于任何特定时期的知识之型体(the body of knowledge),都是围绕其"无意识"而组建起来的,亦即它的有关思想家并未清醒意识到它组建规则的层级结构。因为并不真正知道这一点,古典时期的博物学家、经济学家和语法学家使用相同的规则来呈现他们所言说的截然不同的对象。换言之,他们的工作受支配于福柯有时候所谓的"历史先天"(historical a priori,又译历史先天性)。他用于表示这种"知识的无意识"的惯用术语是"知识型",它是表示"知识"的希腊语。

像《疯狂史》一样,《词与物》主要是讨论从文艺复兴时期到古典时期的变化,讨论从那个时期到现代的发展。对文艺复兴时期的思想家而言,世界受支配于"相似性"(similitude)的知识型:世界是一本书,服从基于相似性与一致性的庞大语法系统。比如,因为被包含在其种子之中的识别标志,乌头毒草与眼睛具有某种"近似性":它们的黑色球茎深嵌于白色部分,一如瞳孔之于人眼。在这个系统中,写作即"世界的散文",世界可以像书一样被阅读。这是堂吉诃德漫游于其间的世界,好像他正在从他已然听闻的诸多传奇故事中,寻找一切因此皆符号的相似性。他是一个喜剧——悲剧——人物,其原因是他正行走在古典时期的世界里,却是在按照"相似性"阅读它。

福柯的古典时期知识型是围绕一个纯粹数学模式(mathesis)系统,或者一种关于秩序的普遍数学科学,一般数学(taximonia),或者一种更为经验主义的分类系统,以及遗传系统而被组织的。它的思维模式是按章节被分析的,分别讨论"表征""思考""言说"和"交流"。虽然文本有时候非常深奥难懂,但它在学问方面是非常引人注目的。福柯也有让某些无趣之物,比如18世纪重农主义者的政治经济学,看起来有趣的天赋。受福柯的蛊惑去考察重农主义者本身的读者,几乎难免为他们的乏味感到失望,但他们确实说明了古典时期的一个重要特征。他们坚持土地是财富的唯一源泉,这证明他们那个时代的知识完全不了解在斯密、李嘉图和马克思眼中非常重要的生产观念。然而,正是对"言说"的讨论最能体现福柯的关切。

对古典时期而言,语言不再是以相似性为基础,而是在很大程度上以符号和话语的形式存在。因此,它的分析采取的形式是考察修辞或者话语类型、修辞或者词与它们的表征内容(representative content)之间的关系类型。语言被假定为是能够表征所有表达的媒介,因此是一个一般概念。必然存在一种可以把握世界整体性的潜在语言,这种语言必然采取百科全书的形式。古典时期的"普通语法"并不关注我们现在借助语法所理解之物,而是关注这样的语言的表征功能。它试图达成一种语言的分类法,一如林奈(Linnaean)生物学试图达成一种现存物种的分类法或者合理分类。这样的语言理论时常为这样的一种梦想所缠绕,它相当于可以囊括并归类一切人类知识的百科全书之梦。古典时期梦想有一种纯然结构清晰的语言,于其间词与物之间没有间隙、物的被命名无须担心混乱。同样的梦想萦绕着政治经济学:对财富的分析可以为图表(tableaux)所表征。当然,这个词是模糊的,可以表示"表格"(table)或"图画"(picture)。因此开篇所分析的委拉斯开兹(Velázquez)的《宫娥》(*Las Meninas*)的重要性在文本中被重复:福柯对该画的行家里手般分析将它变为了对古典表征行为的代表,对它所开辟的空间的代表。

　　古典时期的认识论也可以按照其空白被描述:没有生

命科学、没有语文学,但仅仅有物种与词的分类学。一切都存在于图表的无时间的、抽象的空间之中。现代性的根源在于对古典认识论的拒绝与批判。对于李嘉图与马克思而言,财富不再是一个表征系统,而是一种源自生产过程的价值形式。因为居维叶(Cuvier),器官的结构将按照它们的功能,而不是它们在分类系统中的位置被理解。生命概念本身不再基于有机和无机之间的区隔,它变成了确立生物中观察到的一切可能变化的元素。随着纯然结构清晰的语言这一梦想的消退,因为雅各布·格里姆(Jakob Grimm)和弗朗茨·博普(Franz Bopp)的语文学,把现存语言作为自然对象进行研究变为可能。福柯的考古学追溯了经济学、语言学等现代人文科学和生命科学的源头,并预言了它们的终结。被福柯考察的先锋文学表示即将发生之物:语言正转而敌对语法,质疑形式与存在之间的关系。语言并不是一种结构清晰的思想交流媒介,而是一种自身拥有生命的物质力量。《词与物》在结尾部分描述了一张画在沙滩上的脸正在被上涨的潮水抹去。那是"人"的脸,而"人"是晚近的发明,即将走向终结。尼采宣布了上帝之死;福柯宣布人之死。像尼采一样,他引起了某种意义上的公愤。

福柯对概念哲学的主要贡献是他的《知识考古学》

四 知识的无意识

(*L'Archéologie du savoir*),该书于 1969 年问世。[1] 实际上,这本书是《词与物》的方法论补充或者附录,为《词与物》所描述的福柯的"话语型"(discursive formation)提供一种更为抽象的模型。比如,精神病学是一种诞生于医学、司法和犯罪学话语交叉区域的话语型,制造它宣称正在治疗的对象,与此同时,它与机构和权力结构等非话语型相互作用。虽然该著作为最终把一切视为经济关系的表达的马克思主义意识形态理论,提供了一种别样选择,但必须指出的是,它是福柯迄今为止的所有著作中最枯燥的,并且因为概念的堆砌、不断被定义与再定义,读起来几乎是令人痛苦的。

1966 年 9 月,福柯突然决定接受突尼斯大学的一个哲学教授职位。突尼斯有一种诱人的前景。这个法国前保护国已然独立正好十年。这所大学很年轻,其活力四射的员工很多都是从法国借调来的。工作待遇优厚,提供给福柯的薪水是他在法国所领薪水的两倍。福柯已然对这个国家非常熟悉。德菲已然选择自愿去那里从事一项合作与开发计划,以之代

---

[1] Michel Foucault, *L'Archéologie du savoir* (Paris, 1969); trans. by A. M. Sheridan Smith as *The Archaeology of Knowledge* (London, 1972).

104
福柯

米歇尔·福柯在突尼斯

替去部队服役；福柯定期去南部城市斯法克斯（Sfax）看望他。福柯早就幻想着在非常接近首都的西迪·布赛（Sidi Bou Said）买房。德菲依然对福柯去突尼斯的决定非常不解，但他表示说那是福柯为自己提供更多空间的方式。令人不解的还有其他方面。《词与物》已然让福柯成为知名人士，他本可以利用他的名声取得更大成就。虽然他显然喜欢他的新名声，但他也发现它是令人不安的。他抱怨过严肃工作减少，取而

四 知识的无意识

代之为媒体琐事,还有出版社对销售数字的谈论俨如对著作内容的谈论一样多这一事实。他的新身份的模糊性被一次访谈标示了出来。1966 年,福柯接受了很多访谈,几乎全是关于《词与物》。10 月,他应《艺术与娱乐》(*Arts et Loisirs*)杂志的邀请,就安德烈·布列东(André Breton)在不久前的去世发表评论。[1] 他做了一次还算不错的信息丰富的访谈,但他谈不上是专家,他对这位超现实主义魔术家的认知并不胜过年龄相仿、文化包袱相同的其他任何人。他[福柯]差不多被危险地派定了"公共知识分子"(The Intellectual)的角色,被认为,或者甚至被要求能够就任何人、任何事发表意见,而他对这个角色从未完全应付自如过。

福柯教哲学学位课程,主要讲授尼采、笛卡儿和心理学,但也发表公开演讲,要么是在校内,要么是周五下午在一个名叫塔希尔·哈达德俱乐部(Club Tahar Hadad)的文化中心。在一定意义上,这些公开演讲是他在乌普萨拉、华沙和汉堡等地所发表的那类演讲的重复,它们吸引了类似的听众,既有来自大学的学生,也有来自法语区精英的代表。

---

[1] Michel Foucault, 'C'était un nageur entre deux eaux' (October 1966), in *Dits et écrits*, vol. I, pp.554–557.

他现在是时髦人物，就关涉结构主义的任何内容的讲演都保证有听众趋之若鹜。一如既往，他是颇具魅力的演说家，被一位听众形容为就像一位年轻海军军官自如地在桥上踱步那样，大步流星地在讲坛那里走上走下。此间的这位听众来自《精神》杂志，他补充说福柯的船是一艘军舰（man-of-war）。[1] 当福柯面对《词与物》的众多批评者而为之辩护的时候，他确实是在隔空作战。这部著作非常畅销，同时也争议不断。结束全书的即将来临的人之死这一意象引发了老派人道主义者的愤怒，包括那些与《精神》有联系的人，他们宣称它是一部虚无主义的非人道作品。法国共产党和左派传来了截然不同的批评。福柯之所以受到批评，是因为他把马克思主义描述为一种意识形态——它是 19 世纪思想海洋中的一条小鱼，并且是死在语境之外的一条小鱼。也有人宣称，福柯的考古学与历史全然无关。诚然，要领会从一种知识型到另一种知识型的变化何以发生并非易事，但这等批评的间接含义（coded implication）是福柯在否认历史变迁的可能性，因此在否认奔向社会主义的任何进步。尤其是萨特抱怨说，福柯

---

[1] Marc Beigbeder, 'En suivant le cours de Foucault', *Esprit*, June 1967, pp.1066–1069.

四 知识的无意识

已然用一系列静态的幻灯片代替了历史的动态图景。因为它们忽视历史，福柯和结构主义是害怕被历史潮流涤荡的资产阶级的最后堡垒。福柯的回应是把萨特描述为19世纪的最后一位哲学家。[1]

虽然福柯刚到突尼斯的时候，曾在一家宾馆短期居住，但他很快便在西迪·布赛找到了他之所想。村子雄踞悬崖，俯瞰大海，既有壮观的美景，也有诱人的异国情调。一位常客在其日记中写道，它是这样的一个地方：你可以从意大利人那里买到冰激凌，从马耳他人那里买到章鱼，从犹太人那里买到孜然豆，以及从斯法克斯人那里买到辣椒酱鹰嘴豆。[2] 它是一个波西米亚移民社区的所在地，福柯感到非常适应。但它有几分像人造伊甸园。有白粉墙和嵌有钉子的蓝色大门的村子确实漂亮，但它并不像看起来那样，是超越时间、未曾改变的地方。虽然它可追溯到突尼斯还是庞大的奥斯曼帝国的一个前哨基地的时候，而且看起来保存完好，但它已在1912年被鲁道夫·德·厄兰格男爵（Baron Rodolphe

---

[1] 'Jean-Paul Satre répond', *L'Arc*, 40 (October 1966), pp.87–96; Michel Foucault, 'L'Homme est-il mort?' (interview with Claude Bonnefoy, 1966), in *Dits et écrits*, vol. I, pp.540–544.

[2] Jean Daniel, *La Blessure* (Paris, 1992), pp.168–169.

福柯

米歇尔·福柯在突尼斯

d'Erlanger)细心周到地修复过,男爵是一位画家兼音乐理论家,继承了从银行投资中赚取的一大笔财富。据说,福柯租住的房子一度是曾代表土耳其人统治突尼斯的大公一家(the Beys)所拥有的马厩的一部分。福柯保持室内凉爽幽暗,清晨就开始工作。它是一个非常舒适的家,但也总是带有些许苦行主义。福柯采用在色织席纹绸(natte)上睡觉的当地习俗,色织席纹绸即北非版的蒲团,白天可以卷起来。在这里,他继续着《知识考古学》的写作。

四 知识的无意识

正是在突尼斯,福柯开始了清晨剃头的惯例。他向潘盖开玩笑说,这意味着他不必再担心失去他所剩不多的头发。[1] 在第一次被引见给福柯的时候,《新观察家》(Le Nouvel Observateur)创始编辑让·丹尼尔(Jean Daniel)觉得福柯陷入了一场内心的自我辩论之中,左右为难,一边是骄奢淫逸的强大诱惑,一边是同样强大的愿望,要把那些诱惑导入有规律的苦行甚至概念操练之中。[2] 诚然,这是在福柯去世之后不久写就的回顾性叙述,但它确实把握了福柯在其突尼斯岁月期间的心态。寻欢作乐唾手可得。大麻在当地叫麻醉品(kif),并不难找,而且品质上乘。年轻的性伙伴随叫随到。福柯几乎每天都可以到海里游泳,享受日光浴,沿着海滩长时间散步。但是,没有人揭发早年的无节制。严重酗酒已经成为过去,在其余生中福柯很少喝酒。寻欢作乐不再是要么轻浮要么潜在自毁的问题。它正在成为被规训的生存美学的一部分。

无论从哪个意义上讲,西迪·布赛都是人间天堂。村子很宁静,但突尼斯却并非如此。1967年的阿以六日战争(Six

---

[1] Pinguet, 'Les Années d'apprentissage', p.126.

[2] Jean Daniel, 'La Passion de Michel Foucault', *Le Nouvel Observateur*, 24 June 1984.

Day War）导致了街头骚乱。犹太人的企业遭到了焚烧和劫掠。反犹主义的恐怖激增让亲以色列的福柯大为震惊，它在一定程度上表达了一种更为普遍的不安。学生会试图获取更多自治，让自己独立于哈比卜·布尔吉巴（Habib Bourguiba）总统支配的宪政党（Destour），但并未成功；鸡毛蒜皮的小事经常升级为严重冲突。在1967年因为散发反政府传单而被捕者中，阿哈默德·奥特马尼（Ahmad Othmani）在列，他是一位二十岁出头的学生，曾听过福柯的一些讲座。渐渐地，福柯开始同情他的学生，并尽其所能地帮助他们。有一次，他把他们用于印刷传单的复印机藏在了他的花园里。1968年6月，局势变得日益严重。

现在，奥特马尼已经被释放，并转入地下，正和警察玩着猫和老鼠的游戏。福柯冒了难以置信的风险为他在自己家里提供庇护。1968年夏，猫获得了胜利。奥特马尼被捕受审，罪名是密谋颠覆国家政权、参加违禁组织、传播虚假谣言和侮辱政府成员。福柯和其他人尽力确保他被公正审判。他们的努力徒劳无功。八月，奥特马尼被送上了特别法庭。审判开始前一天，他被秘密警察带走，饱受了鞭打和折磨，不省人事地被抛在了一条胡同里。奥特马尼被判有罪，处以十二年监禁，他的法裔妻子遭驱逐出境。大学罢课。法国教

四 知识的无意识

师中一些人进行了抗议,另一些人离开了这个国家,以示愤慨。为了提供后勤和经费支持,福柯留了下来——因此在一些地区受到了批评。曾经在西迪·布赛组织过令人愉快的音乐晚宴的让-皮埃尔·达尔蒙(Jean-Pierre Darmon)回到法国后建立了一个辩护委员会,让奥特马尼的案子引起了国际特赦组织(Amnesty International)法语处的关注,把他"收养"为它的第一个政治犯。

在突尼斯,猫开始与老鼠玩残酷的游戏。奥特马尼被捕、受刑、获释、再被捕。1972年因健康原因获释之后,他被软禁在家,然后被送回监狱,在那里他长期被单独监禁,并且绝过食。他在狱中记录的关于他所受监禁与折磨的第一手叙述被偷偷带出了突尼斯,于1979年发表在《现代》。由此引发的曝光与对突尼斯政府渐增的国际压力促成了他在当年8月获释并被赦免。现在,他是国际刑罚改革组织(Penal Reform International)的一名重要成员。

福柯的行为与同情并非没有引起注意。他开始意识到,无论他去哪里,他总是被人跟踪。最后,他做了一起让人回想起华沙事件的不明智之举。清晨,一个与福柯过完夜的男孩请福柯送他回家,并为福柯指路。他被带到了一处埋伏点,遭到了一群便衣的暴打。他很快便意识到他正冒着太多的风险,很容易遭遇比挨打更为糟糕的东西。是时候离开突尼斯了,他只好放弃在西迪·布赛买房的计划。讽刺的是,突尼斯政府现在颁授"米歇尔·福柯奖"(Michel Foucault Grants),以期推动法国—突尼斯交流。

五　无法容忍

在突尼斯，不知所措的福柯力所能及地密切注意着法国的事态。"1968年五月事件"（May 68 events）始于相对而言微不足道的抗议。大学人满为患，学生数量节节攀升。学生们抱怨依旧在讲授其"老字号"主课（cours magistraux）的权威老师的冷淡，抱怨对学术科目的老套定义，以及抱怨他们的生活状况。风暴爆发，首先是在楠泰尔大学，后来是在索邦大学所在的巴黎拉丁区。解放以来，街垒第一次出现在巴黎街道。后来，六月的一场有着九百万工人参加的总罢工让整个法国瘫痪了下来。

莫里斯·布朗肖只与米歇尔·福柯见过一次面，当时是五月，他们在索邦的大院里交流了几句。在莫里斯·布朗肖对这次事件的描述中（完成于1986年），他后来补充了"但他们告诉我他没有在那里"。[1] 福柯很可能喜欢事件的这个版本。一如他在《知识考古学》的一个较为轻松的章

---

[1]　Maurice Blanchot, *Foucault tel que je l'imagine* (Montpellier, 1986), p.9.

节中所言:"我并没有在你密切注意我的那里,而是在我留意你、嘲笑你的这里。"[1] 有时候,他似乎拥有变戏法似的无所不在的天赋。知名知识分子和受人尊敬的公众人物也是一位政治活动家,甚至是某种意义上的街头战士。在突尼斯的岁月已然让他变得激进。

夏天结束的时候,法国一切恢复如常;秋天,大学重新运行。然而,在大学各系和中学,依然存在诸多混乱。在拉丁区,催泪瓦斯是再熟悉不过的味道;法兰西共和国保安部队(CRS)防暴警察的各式警车随处可见。五月事件催生了大量激进政治团体,它们大多像批评政府的各大党派一样,批评法国共产党。近期事件终结了阿尔及利亚战争所开启之事:它们结束了福柯所谓的长时段,于其间"法国共产党、正确的斗争和正义的事业是同义词"。[2] 对政治的定义正在发生变化。现在,教育、文化,甚至性事都在某种它们未曾是的意义上是政治问题。一如福柯所言,他并未突然变得对政治感兴趣:是政治找上了他。[3]

---

[1] Michel Foucault, *L'Archéologie du savoir* (Paris, 1969), p.28.

[2] 'Entretien avec Michel Foucault', *Dits et écrits* (Paris, 1994), vol. IV, p.71.

[3] 'Prisons et asiles dans le mécanisme du pouvoir' (1974), in *Dits et écrits*, vol. II, p.524.

五　无法容忍

　　法国，尤其是年轻的法国人，也在经受来自外部力量的影响。中国的"文化大革命"被灾难性地阐释为一次自发的反抗，而不是旨在铲除毛泽东对手的一系列残酷行动；福柯身边的很多人都自认为是法国的红卫兵。一场由毒品和摇滚乐组成的英美反文化（Anglo-American counter）也在对一个尚未产生自己的摇滚文化的国家产生巨大影响。反文化和极左政治的合流产生了一些极具外国气质的团体，而其中很少有比"革命万岁"（Vive la Révolution）更具外国气质的；"革命万岁"的主要口号有说服力地表达了很多年轻人的情感："'我们想要什么？''一切'。"[1]

　　五月事件的主要口号是"这只是一个开始"。某一特定团体深信，情势确实如此。"无产阶级左派"（La Gauche Prolétarienne, GP）成立于1968年秋，是特立独行的法国"毛主义"（Maoism）的主要支持者之一，法国毛主义总结了从1789年到抵抗运动的本土反抗传统。无产阶级左派的观点是，五月运动是内战的先兆，要么带来一种全新的社会主义，要么导致法西斯主义卷土重来。它的任务是通过联合

---

[1]　参见 Hervé Hamon and Patrick Rotman, *Génération. 2, Les Années de Poudre* (Paris, 1988); Christophe Bouseiller, *Les Maoïstes: la folle histoire des gardes rouges français* (Paris, 1996)。

"群众"(masses),"无产阶级化"它自己的成员——他们主要是大学生或者研究生——来迎接即将到来的战争。一些人在无产阶级化问题上采取了极端措施:放弃智识生活,隐瞒他们的历史,改变他们的言说方式和口音,努力把自己"塑造"为工厂工人,以期成为革命的新干部。多数情况下,唯一的结果即大量的个人不幸和巨大的心理损害。[1] 福柯从未加入无产阶级左派,虽然德菲和他们的很多朋友都加入了。在无产阶级左派的眼中,福柯是一个将被利用或者甚至被开发的"民主人士",并且他乐于扮演这个角色。这并非始终是轻而易举的。无产阶级左派阵营的一些人一如其总领袖"皮埃尔·维克托"(Pierre Victor)——贝尼·莱维(Benny Levy),曾是阿尔都塞的学生,但现在已然抛弃他精致的"理论",处于一种极度反知识的情绪之中。概念哲学已是明日黄花。

五月风暴以后,一系列改革出台。巴黎的多个机构被重组为新巴黎学区(Académie de Paris)内的十三个"教学和科研单位"。单元制学位被引入,代替旧考试制度的"连续评估"

---

[1] 参见 Robert Linhart, *L'Etabli* (Paris, 1978); Virginie Linhart, *Volontaires pour l'usine: vies d'établis, 1967–1977* (Paris, 1994)。

五　无法容忍

被提出。教育部长埃德加·富尔（Edgar Faure）的改革基石是在从部队租借的土地上建立的一家新机构，这个地方在巴黎东边的万森纳森林（Bois de Vincennes），依旧属于首都，几乎远离了混乱不堪的拉丁区，同时交通也是可以忍受的。森林中的预制安装建筑迅速被建起，1969年底，万森纳实验中心（Vincennes Experimental University Centre）开始运行。

员工招聘始于1968年夏，当时福柯尚在突尼斯。埃莱娜·西苏（Hélène Cixous）——现在以女性主义小说家和戏剧家为大家所熟知，但当时是以她对詹姆斯·乔伊斯（James Joyes）的学术工作而最为人所熟知——联系了他，希望知道他是否有兴趣加入指导委员会。他拒绝了这个提议，但表示他愿意建立并负责新的哲学系。"跨学科性"是万森纳的口号，福柯设想了一个很不传统的哲学系。他希望哲学系的教学涵盖两大领域：对社会的政治分析和对一定数量的科学领域的分析。福柯所招聘的团队才气横溢、高度政治化。艾蒂安·巴里巴尔（Etienne Balibar）和雅克·朗西埃（Jacques Rancière）是阿尔都塞的年轻助手，是1965年出版了合著《读〈资本论〉》的那个巴黎高师研讨班的成员。阿兰·巴迪欧（Alain Badiou）依然紧跟阿尔都塞，但日益以毛主义者为大家所熟知。米歇尔·塞尔曾与福柯在克莱蒙－费朗大学共过事。勒内·谢雷（René Schérer）是一位富尔专家，很快便将成为同性恋运动中的重要人物。德勒兹因为健康原因拒绝了在万森纳教书的邀请，但两年之后进入了哲学系。

十二月，万森纳开学，但一开始吸引的学生少得令人失望。新大学非常现代，设备精良。走廊有地毯，教室配备了电视和录像设备。万森纳大学很偏。往来最近的地铁站要穿过森林和停车场走很久，开通的公共汽车服务变幻无常、效率低下。这所森林中的大学总有几分神秘——关于那里正在发生的事情，各种稀奇古怪的谣言开始流传。据传，那里正在讲授关于性的课程，而且该课包括"实践操作"（practicals）。确实，福柯正在开设关于"性事与个性"的课程，但这些课讨论的是"遗传"和"种族卫生学"等主题，并没有比他开设的关于尼采和系谱学的课程更具"实践性"的内容。

当有一项迥然不同的实验正在万森纳开展时，学生们并没以与埃德加·富尔完全相同的方式理解"实验"，这一点很快就变得明显。对很多员工和学生而言，始于1968年5月的内战将继续破坏国立大学制度，万森纳乃是废除工资制度和摧毁大学委员会（Committee for the Abolition of the Wage System and the Destruction of the University）的所在地。工资

五 无法容忍

制度从未遭遇真正的危险,但大学却遭遇了。

1969年1月23日,在索邦大学和大学教区(the University Rectorate)被占领了的拉丁区发生了进一步的暴力事件,冲突持续了大半夜。当这些事态发展的消息传到万森纳的时候,匆忙间召开的大会旋即投票要占领一座大楼。入口和楼梯被随手抓到的无论什么东西——包括新电视机——封堵了起来。那些参与者中有两位是德菲和福柯,后者整洁地身着一套黑色灯芯绒服装。被占领大楼很快被防暴警察包围了起来,防暴警察向抗议者发出了简单的最后通牒:他们可以或者自由地离开,或者面对他们行动的后果。很多人基于经验知道可能发生在任何"自由地离开"的人身上的事情是什么,他们试图穿过配备了粗棍的法兰西共和国保安部队的夹攻,根据至少在数量上有些安全感的原因决定留下来。清晨,进攻来袭,这时齐齐发射的瓦斯手榴弹穿窗而入。防暴警察冲进来的时候,里面的那些人沿楼梯向高处撤退,同时用他们可以找到的任何东西封堵身后的楼梯,然后与楼顶上的那些人一起,向不断推进的法兰西共和国保安部队投掷物品。万森纳首战的结果完全是可以预料的,不久便有二百多人被赶进主报告厅。德菲和福柯因为瓦斯的影响,一边咳嗽一边语无伦次地说话,属于最后被围捕的人之列。所有人都被带到了博容（Beaujon）治安控制中心，获释之前整夜被扣在那里，他们中大多没有被指控有任何过错。

卷入索邦占领之中的那些人则没有这么走运。34位学生被开除出学校一年，据传闻他们有被迫提早服兵役的风险。这是不祥的威胁，因为大家普遍认为，在这样的环境下被征召入伍的好斗分子将会遭遇一段艰难而危险的时期。2月11日，之前从未谋面的福柯和萨特在共济大厅（Mutualité hall）召开的人山人海的团结大会上发言。福柯不诚实地指出，学生们并未造成任何实际的破坏，已然发生的一切皆是对警察挑衅的可以理解的回应。

现在，在万森纳的生活陷入了混乱之中。故意毁坏文物的行为司空见惯，而且基于政治的原因被证明是正当的。极度激进的政治涂鸦覆盖了墙壁，书籍以令人恐惧的速度从图书馆消失。毒品几乎是公开销售的。对福柯而言更为令人沮丧的是，他以极大的乐观主义建立起来的哲学系在内斗。以亨利·韦伯（Henri Weber）为首的一个托洛茨基派（Trotskyist）小集团认为，它获得了将大学变为"红色根据地"的机会，以及将先锋机构变为资本主义制度中最薄弱一环的机会。毛主义者对法国共产党党员——员工和学生——的敌意是公开的、强烈的、实在的。试图听课的法国共产党员遭到言语侮

五 无法容忍

辱和身体恐吓。雅克·朗西埃主讲的一门课的学生投票永远驱逐所有法国共产党员；他们自觉自愿地离开了。巴里巴尔是毛主义团体的主要受害者之一。他是法国共产党员，亲近阿尔都塞。对无产阶级左派的毛主义者而言，法国共产党是资产阶级的堡垒，而阿尔都塞则是法国共产党的主要意识形态堡垒。因此，巴里巴尔乃合法目标。他的讲座被纠察，他的课堂经常遭到破坏。他最后放弃了战斗，给教育部长致信要求调回辅助部门，虽然他后来在楠泰尔享受了作为政治哲学教授的非凡的职业生涯。福柯本人也遭到了围攻。他被迫停止发表公开演讲，参加没完没了的、不会有任何结果的"辩论"和会议。有时候，他发现自己被阻止进入自己的教室，在与惺惺相惜的同事的谈话中度过一个散漫的下午，或者干脆放弃，去看电影。在精神分析系，拉康的女儿朱迪丝·米勒（Judith Miller）决定，为摧毁体制做贡献的一种方式是给选修她的课的任何学生学分，无论他们实际上听课与否。1970年1月，进一步的打击来袭，当时新教育部长宣布，万森纳大学的哲学学位无法生效或者被批准。在一次接受《新观察家》的愤怒访谈中，福柯现在把万森纳形容为一个陷阱：他们已然被赋予自由，现在却因为利用了这份自由而受到责备。[1] 福柯不但对教育部生气，而且也为万森纳本身所阻扰。虽然他同情所有学生的抗议活动，但他也想工作，而且期待他人也工作。

尽管出现了这种令人不安的活动和万森纳的混乱，福柯对其现在正呈现出国际维度的学术事业还是严肃的。三月，他应邀首访美国，在布法罗和耶鲁发表了演讲。九月，他应邀访问日本，他的著作在日本鲜有翻译，但正开始引起关注。这次访问也为他提供了机会，通过《派地亚》（*Paideia*）杂志的一期专刊回应德里达对《疯狂史》的批评。福柯为他对笛卡儿的解读进行了辩护，而且对德里达的解构进行了有力的批评，将其描述为"一种确凿无疑、微不足道的教学法"。他指出，德里达对"文本之外一无所有"的臭名昭著的坚持，提供了对"大师的声音"的"无限主权"。[2]

工作始终是福柯的当务之急，但他在国家图书馆的日子现在频频为他参加几乎持续不断的示威和会议所中断。他越来越多地参与政治，这又导致了他在出版策略方面的变化。

---

[1] Michel Foucault, 'Le Piège de Vincennes', *Dits et écrits*, vol. II, pp.67–74.

[2] Michel Foucault, 'Mon corps, ce papier, ce feu', *Dits et écrits*, vol. II, pp.245–267.

五 无法容忍

福柯更少给《批评》等刊物撰稿了，而转向了报界，经常发表关于政治问题的小文章，接受《世界报》之类日报和《新观察家》之类新闻杂志的采访——因为他与让·丹尼尔的关系，这是很容易做到的。一些友谊开始褪色，而另一些友谊被建立了起来。福柯与巴特的关系冷淡了，他们现在难得见一次面。巴特以极度的厌恶看待他的老朋友日渐牵扯进入的政治。他认为，示威不过是歇斯底里的一种表达而已。友谊并未完全消失，福柯是巴特在1976年入选法兰西学院的主要功臣。

福柯还卷入到了一种截然不同、传统形式的学术政治之中。1968年夏天，让·伊波利特突然去世，这就意味着法兰西公学院有了空缺，必须找到代替者。法兰西公学院成立于1530年，旨在为中世纪的索邦提供一种制衡力量，一度以三门语言（希伯来语、拉丁语和希腊语）的学院为大家所熟知。它既无学生，也不授学位或者文凭。任何人都可以自由聆听在学院路上的散乱建筑里举办的讲座。所有教授都是由他们的同行挑选出来的，他们只有一项职责：就他们的研究举办讲座和主持研讨班。教授的选举必须遵循某种特定模式。第一轮投票批准席位的设立，第二轮投票任命该席位的候选人。争取支持是一项非常复杂的政治策略，关涉很多联络工作。

1970年，还有另外两位候选人。福柯对里尔大学的伊冯·巴拉瓦尔（Yvon Balaval）略有了解。另一位候选人是保罗·利科（Paul Ricoeur），他执意要逃离楠泰尔，在那里的一桩臭名昭著的事件中，一个学生抗议者把一个垃圾箱倒在了他的头和肩上。福柯的竞选主管是维叶明（Vuillemin）。杜

法兰西公学院大门，大门前是克劳德·伯尔纳的塑像。1970年，福柯入选法兰西公学院

五　无法容忍

梅泽尔现在已经退休，作为荣休教授，他没有投票权，但为了帮助他的老朋友争取支持，他确实致信过前同事。福柯也得到了一个无形团体的默默支持，包括阿尔都塞和康吉莱姆在内，二者都是有权威、有影响的人物。他散发了一本私下出版的介绍他的已出版著作和未来计划的小册子。[1] 小册子省略了他的早期著作，让他的事业始于《疯狂史》。该文献概述了他所谓的被投入复杂的体制系统之中的知识的历史，将这样的知识描述为存在于既存科学与见解表达现象之间。法兰西公学院投票设立了一个"思想体系史"（History of Systems of Thought）职位，然后在4月12日选举了福柯担任这一教职。

1970年12月2日，福柯发表了他的就职演讲。本次演讲结构优美，或许是他最了不起的一篇演讲类作品。他首先指出，他仅仅希望在无人注视的情况下进入到他必须发表的演讲（话语）之中，听到有一个声音在说："我必须继续，我无法继续，我必须继续……"他最后解释了为什么开始就职演讲是如此地困难：他原本希望是被他很久之前在亨利四

---

[1] 'Titres et travaux', *Dits et écrits*, vol. I, pp.842–846.

世中学的一间教室里听到的一个声音邀请来演讲,那是一个不再在那里听他说话的人的声音。当然,那个人是让·伊波利特。福柯的开场白是对贝克特的《无名氏》(*L'Innommable*,又译《无法称呼的人》)最后几行的解释,《无名氏》是同时对他和伊波利特都意味深长的一个文本。[1]

新年一开始,讲座和研讨班就开始了。星期三 17 点 45 分,福柯讲授"求知意志"(the will to knowledge),对比亚里士多德式和尼采式知识理论;星期一 17 点 30 分,他主持一个关于"刑事精神病学"(penal psychiatry)的研讨班。讲座从一开始就大受欢迎,像拉康的研讨班一样,成为智识巴黎的主要奇观之一。他习惯性地在一张柏格森(Bergson)肖像下讲话的讲堂无法容纳到来的每一位听众。那些无法在主演讲厅里找到座位的人就在空教室里听扩音器。福柯的听众鲜少做笔记,多数人都使用依然有几分新奇的盒式录音机。福柯无权限定人数,因为他的讲座按照法规定义是向所有人开放的。到 1976 年,他为此倍感沮丧,以致他把讲座时间调整到了早上 9 点 30 分,天真地以为不会有很多学生为了

---

[1] Michel Foucault, *L'Ordre du discours* (Paris, 1971), p.7, pp.81–82.

五 无法容忍

在这个时点听课而一大早起床。[1]他错了,他们确实一大早便起床。面向数量众多的听众讲话的时候,福柯感到了一种奇怪的孤立和寂寞。讨论是不可能的,甚至回答听众提出的问题都是困难的。研讨班则提供了一个更具吸引力的环境,对他总是非常喜欢的集体工作很有助益。

讲座开始两个月之后,福柯在一个非常不同的地方开展了某种不同的活动。在圣伯纳德教堂(Chapelle Saint-Bernard),蒙帕纳斯火车站(Gare de Montparnasse)下面的一个洞穴状空间,绝食正在进行之中。绝食者在为被关押的无产阶级左派激进分子争取"政治犯"身份。1970年5月,无产阶级左派已被宣布为违禁组织。在它被宣布违禁的那天晚上,一场声势浩大的抗议集会在共济大厅举行;集会达到高潮的时候,阿兰·热斯马尔(Alain Geismar)号召在场的所有人占领街道。集会刚一结束,他就因为煽动暴力被捕,后来被判处了两年监禁。无产阶级左派报纸《人民的事业》(*La Cause du Peuple*)的编辑让-皮埃尔·勒·当泰克(Jean-Pierre Le Dantec)和米歇尔·勒·布里斯(Michel Le

---

[1] Michel Foucault, '*Il faut défendre la société*' (Paris, 1997), pp.3–4; trans. by David Macey as '*Society Must Be Defended*' (London, 2003).

Bris）也入狱了。萨特成为《人民的事业》名义上的编辑，他和西蒙娜·德·波伏娃（Simone de Beauvoir）双双上街卖报，刻意地、挑衅地设法被捕。现在暴力正在危险地升级。先贤祠地区的警察局遭到了燃烧弹袭击，警车也受到了攻击。大家普遍认为，警察现在将大开杀戒。瓦斯手榴弹正在被作为攻击性武器投向人群头顶，而不是为了控制人群被使用。暴力抗议、暴力镇压、进一步的暴力抗议去而复来，似乎永无止息。

正是在这一背景下，绝食开始；正是在这一情势下，丹尼尔·德菲成为被禁的无产阶级左派的一员。他主要是与试图帮助那些被关押者的家庭的"政治犯"支持小组合作，但他的关注点很快便有所扩大。受到为了调查 16 位矿工在地下甲烷爆炸事故中遇难而在北部小镇朗斯（Lens）设立的"人民法庭"的鼓舞，他开始考虑对政治犯——并不仅仅是无产阶级左派的政治犯——被拘押在法国监狱之中的状况进行类似调查。最终结果是监狱信息小组（Groupe d'Information sur les Prisons，又译监狱报道小组）的建立。[1]

---

[1] 关于完整的纪录片式叙述，参见 Le Groupe d'Information sur les Prisons, *Archives d'une lutte* (Paris, 2003)。

五 无法容忍

它的成立已获宣布：1971年2月8日，圣伯纳德教堂新闻发布会期间，米歇尔·福柯宣读了声明。他指出，法国监狱里的情况令人无法容忍：囚犯们像猪狗一样被对待，他们应有的少数权力遭人忽视或侵犯。关于狱中生活的信息是非常迫切的需要，监狱信息小组的首要任务就是为一场长期运动搜集信息。调查问卷被分发了出去，将由以前的犯人亲自填写或者在他们的帮助下填写。问卷将被送回到沃吉拉尔街285号。创建的声明是以米歇尔·福柯、皮埃尔－维达尔·纳杰（Pierre-Vidal Naquet）和让－玛丽·多梅纳克（Jean-Marie Domenach）的名义发布的。纳杰和多梅纳克是福柯按照他熟人圈中的一位激进律师的建议进行联系的。两个名字都具有重要的象征意义。天主教徒多梅纳克是《精神》的编辑，而《精神》曾是反对阿尔及利亚战争的主要平台之一。皮埃尔－维达尔·纳杰是历史学家、古典学教授，曾直言不讳地谴责军队在阿尔及利亚系统地使用酷刑。二者对福柯并没有任何重要的哲学认同——多梅纳克和《精神》对《词与物》多有批评——但他们一起合作得愉快，基于他们的共同事业建立了友谊。

监狱信息小组极不正规。没有会员卡，没有章程，无

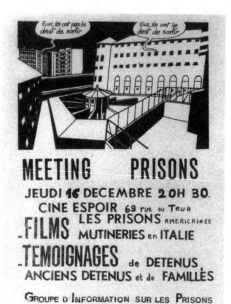

监狱信息小组海报

论是书面的还是其他形式的。虽然福柯被多数人视为其"领袖",但他自认为是在参加一个集体项目,这里所有人都是平等的。他花了很多时间写信封和往信封里面装传单,深知除非这样的平凡工作有人去做,否则政治组织不会起作用。会议是非正式的事,往往是在福柯的寓所举行。监狱信息小组的成员资格变化不定。一些人是来自无产阶级左派的毛主

五　无法容忍

义者。几个之前的罪犯加入了进来,尤其是喜欢贫嘴的塞尔日·利夫罗泽(Serge Livrozet),他曾经是一个窃贼,热衷于证明盗窃是一种自发的造反或者反抗形式。[1] 他和其他惯犯通过交流他们服役的时间、他们经历过的困境的故事,活跃会议气氛。《精神》读者群的松散网络提供了很多活跃分子。个人的加入要么是因为他们钦佩福柯,要么是因为他们是德菲的朋友。监狱信息小组的其他副手甚至几乎不能解释他们的加入是为何。达妮埃尔·朗西埃(Danielle Rancière)正在福柯的指导下攻读博士学位,认为和他一起上街是很自然的。埃莱娜·西苏回忆说,事件之后她曾问过自己,为何她与监狱信息小组有了牵连。

监狱信息小组并不是一个要求改革的压力集团,它并不试图代表囚犯发言。在福柯看来,"代表他人发言"是可耻的 [2],监狱信息小组的自定义任务是让囚犯能够发表个人意见。监狱信息小组的活动大多一开始相对低调,规模很小。成员们加入到在拉桑特监狱(La Santé)和弗雷纳监狱(Fresnes)外面等候的妻子和亲属的队列中,以期获准访问犯人。传单

---

[1]　参见 Serge Livrozet, *De la prison à la révolte* (Paris, 1973)。

[2]　参见'Les Intellectuels et le pouvoir'(interview with G. Deleuze, 1972), in *Dits et écrits*, vol. III, pp. 306–315。

被分发，问卷被分送，激进分子们发现他们正逐渐被接受。犯人们的妻子的确填写了问卷，有证据表明它们也是被偷偷带进监狱的。问卷和搜集自监狱大门外队列的其他支离破碎的信息，于 1971 年 5 月被用于了生成一本题为《二十所监狱调查记》(*Enquête en vingt prisons*) 的小册子。同一年，另外还有两本小册子出版：《对一所模范监狱的考察：弗勒里－梅罗吉监狱》(*Enquête dans une prison-modèle: Fleury-Mérogis*) 和《狱中的自杀》(*Suicides de prison*)。全都使用相同的总标题：无法容忍 (Intolérable)。它概括了福柯及其同道的目的：他们并不是在以某种政治计划的名义起作用，而是在相当直白地反对他们视为无法容忍的东西。长远来看，他们的工作或许影响甚微。当时，其强大的影响在于揭示监狱世界是超越法律或者不合法的，以及充斥监狱的并不是江洋大盗，而是处于危险之中的小毛贼。它也产生了实际效果。据 1971 年 7 月宣布，囚犯可以在他们的囚室里拥有收音机，收听每天的新闻，这至少在一定程度上是因为他们的运动。

参与监狱信息小组需要血气之勇。没有人遭遇奥特马尼在突尼斯所经历的危险，但暴力的威胁是实实在在的。德

五　无法容忍

勒兹参与了街头示威和抗议，虽然他患有呼吸道疾病，接触催泪瓦斯是对他已然虚弱的身体的严重威胁。有一次，埃莱娜·西苏发现她自己苏醒在一家未曾记得进去过的药店里。对于曾将她打得不省人事地摔倒在地的警棍击头，她也没有任何记忆。福柯本人若干次被捕，但必然是在没有遭遇重大指控的情况下获释。逮捕是一种恐吓形式，而不是送人上法庭的开端。

不久，刑罚系统内部的事件提供给了监狱信息小组一种新动力。1971年2月，一位护士和一位社工被普罗旺斯地区艾克斯市（Aix-en-Provence）的犯人劫作了人质，殒命于警察突击监狱的过程之中。7月，一位典狱官在里昂的圣保罗监狱被射杀。9月，一位护士和一位典狱官在克莱尔沃（Clairvaux）监狱被劫作了人质，在警察猛攻监狱的时候遭到了杀害。内务部的回应是暂停犯人接收其家人寄来的圣诞食品包裹这一传统权利。12月5日，福柯和监狱信息小组的一群支持者在司法部前集会，但尽管一个妇女代表团获准进入了大楼，她们与官方的对话并无结果。三天后，部长确实做出了让步：家人可以给妇女和轻罪犯寄送食品包裹。其他犯人可以通过红十字会或者教会机构寄送包裹。法国监狱里的犯人已然被给予与战犯相同的待遇。绝食旋即开始；12月

5日，离南锡不远的图勒森特内（Centrale Ney）监狱的犯人礼拜后拒绝回到他们的囚室。当月的晚些时候，全面暴动爆发。犯人们策划了屋顶抗议，部分监牢遭到了洗劫，被付之一炬。三队防暴警察以极大的暴力镇压了暴动。现在，暴乱和暴动传遍了监狱系统。

随着形势变得越来越引人注目，监狱信息小组举行了抗议集会，公布了它可能搜集到的任何信息。最具杀伤力的批评来自监狱系统内部，当时图勒的精神病医生伊迪丝·罗斯（Edith Rose）博士写了一封公开信，广被新闻界引述。[1] 它谈到了暴力对待最轻微地违纪的犯人的系统使用。约束衣和其他身体限制措施的使用是司空见惯的。自杀的尝试频繁得令人吃惊。犯人们经常被拒绝他们所要求的医疗帮助，而她未获准恰当地行使她的职责。不可避免地，罗斯博士被迫离开了监狱服务。对福柯而言，伊迪丝·罗斯就是"特殊知识分子"（specific intellectual）的原型：她属于权力系统，但以非常特殊的、具体的语词公然抨击权力内部所发生之事。传统或者"普遍"知识分子（universal intellectual）是以抽象的、普遍的原则进行言说；特殊知识分子谈论之所见，基于他们

---

[1] 1971年12月26—27日，被《世界报》印制为一则付费广告。

五 无法容忍

对他们工作于其间的机构的具体了解。[1]

监狱信息小组是高效的,能够在短时间内动员小团体。另一方面,它要发展是非常困难的。工会和传统的左翼党派既无力也不愿支持福柯和他的同道。重要的工会联合会的会员包括代表监狱官的组织,工会不会抨击它们自己的监狱官。即使在无产阶级左派内部,也有人认为"普通刑事犯"不配作为需要替其操心的无产阶级。监狱信息小组的其他问题是结构上的。它所面临的主要问题是监狱人口按定义是不稳定的。与利洛兹特不同,很多先前的犯人都极不情愿认同这样的自己,这是情有可原的。

虽然监狱信息小组占据了福柯的大量时间和精力,但他也积极参与了其他的特别运动。当记者阿兰·若贝尔(Alain Jaubert)提议与在另一项调查中受伤的某人一起上医院之后,在一辆警车中遭到严重冲击的时候,福柯和监狱信息小组的成员于1972年5月再次走上了街头。当年10月,当阿拉伯少年杰拉里·本·阿里(Djellali Ben Ali)——他肯定不是善茬——在与邻居的一次由来已久的争论中被射杀的时

---

[1] 参见 Philippe Artières, '1972: Naissance de l'intellectuel spécifique', *Plein Droit*, 53–4 (March 2002)。

1971年，巴黎古德多贫民窟游行中的福柯与让-保罗·萨特

候，福柯是为调查此案而成立的特别委员会的幕后支持者之一。它的调查也让他对生活在古德多（Goutte d'or）贫民窟的移民的状况有了很多了解，古德多是他迄今尚未有机会造访的巴黎北部的一个地区。1973年12月，当穆罕默德·迪亚卜（Mohammed Diab）在被警方拘押期间不可思议地死于

五　无法容忍

1972 年，穆罕默德·迪亚卜在被警方拘押期间死亡之后，福柯与热内在巴黎参加反种族主义游行

枪伤的时候，福柯和他的同道再次发起了调查，其间福柯被捕，在警察局拘留室里待了半夜。

调查迪亚卜案之类案子的运动主要被无产阶级左派扩大到了范围更广的问题，巴勒斯坦问题涌现了出来。"巴勒斯坦委员会"开始全力在移民地区运作，招募成员。其表面目标是推动和组织与巴勒斯坦人的团结，但很多人认为它们是达到截然不同的目的的手段，即为无产阶级左派的事业征募移民工人。虽然动机是毋庸置疑的，或者用它自己的话来讲——诚实的，这样的运动也显示了毛主义左派的潜在浪漫主义。对依照本质上的民粹主义世界观行事的激进主义者而言，遭受剥削最深的显然是最革命的。由此断定，主要来自北非的没有技能的移民工人应当被征募到事业中来。

正是在这一背景下，福柯经他在突尼斯的一处海滩第一次见到的凯瑟琳·冯·比洛（Catherine von Bülow）的引见，认识了让·热内。她曾经是纽约大都会歌剧院（Metropolitan Opera）的一位舞蹈家，现在任职于伽利玛出版社，被分派了担任热内的照顾者这一毫不值得羡慕的工作。热内有"潜水"或者突然消失到某家宾馆的癖好，在那里没有人能够找到他。然后他将尽可能迅速地从宾馆消失，并留言说他为数不多的行李应该被送至伽利玛出版社。热内在监狱信息小组并不活跃，但确实与巴勒斯坦委员会有一些联系，参加了他们的示威。他的逻辑是不可辩驳的。在美国，他支持黑豹党（Black Panthers）。在巴勒斯坦，他支持集中营的人。在法国，他是诗人，这就是他的一切。

正是在若贝尔运动期间，福柯首次见到了克劳德·莫里

五 无法容忍

亚克。又高又瘦，戴一副眼镜，莫里亚克似乎是同盟者中最不可信的。他是天主教小说家克劳德·莫里亚克的儿子，自己是记者、著名小说家。年轻的时候，他曾是戴高乐的私人秘书。他和福柯成了亲密的同盟者和朋友，尽管这对二者而言必定看似不可能；莫里亚克的日记几乎逐日说明了福柯在最为动荡不安的这段时间的活动。[1]

监狱信息小组是一个短命的组织。1973年，它被解散，让位于由利洛兹特所协调的"犯人行动委员会"(Prisoners' Action Committee)。它是自己所在时代的产物，在其他时候或许不可能存在。它依赖这么多年轻人的不满作为支撑，是一个既动荡不安又极具创造性的时代的产物。21世纪初，关于法国监狱里的可怕情形的新闻报道再次开始浮现。它们得到了拉桑特监狱首席医生的证实，这位医生是一位非常特殊的知识分子，撰文描述了一个充满营养不良、横行霸道、袭击和强奸的可怕统治时期。[2] 她的著作无疑引发了道德恐慌，但没有催生一个新监狱信息小组的形成。没有人走上街头。

---

[1] 详见他的 *Et comme l'espérance est violente* (Paris, 1986)。

[2] 参见 Véronique Vasseur, *Médecin-chef à la Prison de la Santé* (Paris, 2000)。

20世纪70年代初也目睹了女性主义和同性恋解放的突然出现。福柯对女性主义几乎没有兴趣,女性主义也对他几乎没有产生影响,虽然他确曾公开支持堕胎和避孕权。他经常批评自己的男性主义立场;事实上,他的著作无论讨论疯癫还是讨论监狱,都没有关注性别(gender),同时也没有重视女人和男人往往出自极为不同的原因把自己交由监狱和精神病医院这一事实。

监狱信息小组的成立几乎一天也不差地巧合于"同性恋革命行动阵线"(Front Homosexuel d'Action Révolutionnaire, FHAR)的成立;同性恋革命行动阵线与其说是一个组织,毋宁说是一次欲望与性事爆炸。发表在"革命万岁"的报纸《大家》(Tout)上的最初声明定下了调子:"是的,我们已然被阿拉伯人鸡奸;我们为之骄傲,我们将再次被阿拉伯人鸡奸。"[1] 周四晚上,在波拿巴街的美术学院(École des Beaux Arts),同性恋革命行动阵线的喧嚣以狂欢的"全体大会"的形式出现,其间多数时间被用于了或多或少的公众场合性行为,而不是理性辩论。同性恋革命行动阵线并没有真

---

[1] 参见 FHAR, *Rapport contre la normalité* (Paris, 1971)。关于一般介绍,参见 Frédéric Martel, *Le Rose et le noir: les homosexuels en France depuis 1968* (Paris, 1996)。

五 无法容忍

正组织可言，更没有组织领导：它仅仅存在于此时此地。它的确有一个标志性人物，身形漂亮得让人吃惊的居伊·奥康让（Guy Hocquenghem），他24岁，过往纷繁。[1] 他曾经是法国共产党党员，但当他的性取向变得太过明显的时候，就被开除了。他曾就读亨利四世中学，1965年被录取进了巴黎高师，但从未完成他的课业。作为一个年轻的同性恋者，他发现那里的生活很难受，俨然就像福柯在廿年前所发现的那样。1972年1月2日，《新观察家报》发表了对奥康让的一次访谈，题为"同性恋者的革命"（La Révolution des homosexuels）。其历史重要性在于它是出现在主流报刊的第一份"出柜"声明。同性恋解放并未出现在1968年五月风暴的议事日程上，当时宣告"鸡奸行动委员会"（Pederastic Action Committee）成立的海报被扯掉了，被撕毁在索邦的大院里。临近1972年底的时候，奥康让出版了他的宣言式的《同性恋心愿》（Le Désir homosexuel），把同性恋边缘性与滥交赞美为性现代性的形式。同性恋解放现在稳稳地登上了议事日程。福柯在同性恋革命解放阵线中并不活跃，

---

[1] 参见 Bill Marshall, *Guy Hocquenghem: Theorising the Gay Nation* (London, 1996)。

虽然他有朋友非常活跃;一如在其《性经验史》(又译《性史》)第一卷中变得非常明显的,他对性解放这一概念深表疑虑。当然也有年龄的问题。像他们的美国兄弟姐妹那样,那些与同性恋革命解放阵线和一般而言的新式反文化有联系的人,很多都"不相信30岁以上的人",而福柯现在四十多岁了。

六　生存美学

1972年4月6日，16岁的布丽吉特·德维尔（Brigitte Dewevre）的尸体在阿图瓦的布鲁亚（Bruay-en-Artois）的荒地被人发现，阿图瓦的布鲁亚是一个衰败的矿业小镇，在里尔以北大约40公里的地方。嫌疑指向了当地律师、扶轮社（Rotary Club）成员皮埃尔·勒鲁瓦（Pierre Leroy）；他被逮捕收监，等候调查。死亡的这位女孩是一位矿工的女儿，是在矿石堆的影子中长大的。对无产阶级左派而言，这可谓理想的情节：人民的无辜女儿遭到了当地的腐败资本家的谋杀。一块布告牌在犯罪现场被树了起来，以期清楚地说明这一点。

无产阶级左派一直在就硅肺病问题开展活动，但它现在却把全部注意力转向了德维尔案。地方版的《人民的事业》发出了令人毛骨悚然的复仇呼吁，提到了"社会同类相食"（social cannibalism），已准备好证明阉割或者处死勒鲁瓦的要求具有合法性,因为它们表达了对阶级正义的自发愿望。福柯本人对"人民正义"这一概念持怀疑态度,对之他在与莱维的一次访谈中相当详细地讨论过[1],但当时他似乎相信勒鲁瓦有罪(他没有对此案发表任何评论)。结果,勒鲁瓦不得不因证据缺乏而获释。杀害布丽吉特·德维尔的凶手从未被找到。

虽然布鲁亚案中的暴力是言语暴力,但无产阶级左派的确有沿着在意大利走过的那条"红色旅"(Red Brigades)之路走下去的趋势。它确实有一个由奥利维耶·罗兰(Olivier Rolin)——"安托万"(Antoine)——领导的秘密军事武装派别,曾进行过工业破坏活动。[2] 1972 年 3 月,布洛涅—比扬古(Boulogne-Billancourt)的雷诺工厂外面,一位名叫皮埃尔·奥维奈(Pierre Overney)的年轻毛主义者在设法散发传单的时候,被保安枪杀。他的葬礼队伍穿过巴黎,据估计有二十万人参加。游行队伍中有福柯,更让人吃惊的是,还有通常大隐于市的阿尔都塞;他向他过去的学生说道,他们

---

[1] 参见'Sur la justice populaire: débat avec les maos', *Dits et écrits* (Paris, 1994), vol. IV, pp. 340–368。

[2] 关于它的虚构叙述,参见 Dominique Rolin, *Tigre en papier* (Paris, 2002)。

六 生存美学

不只是在埋葬一个人：这是左派思想本身的葬礼。他是正确的，某种政治冒险行将结束。[1]

四天之后，无产阶级左派的军事武装派别进行了报复，绑架了雷诺的一位社会关系官。后来，这位社会关系官被毫发无损地释放了。他的绑架者带有枪，但枪里并未装子弹。恐怖主义选项遭到了拒绝。值得注意的是，黑色九月（Black September）对慕尼黑奥运会的恐怖袭击造成了十一位以色列运动员丧生，在此之后，出现了对恐怖主义的广泛厌恶。1973 年发生在小城贝桑松（Besançon）的事件也帮助动摇了无产阶级左派等组织的信念。利普（Lip）表厂的罢工发展成了使工厂处于工人控制之下的全面占领。利普的工人生产和销售他们的手表，大获成功。不可避免的结论是：并没有对无产阶级左派及其类似组织的需要。1973 年 10 月，这个组织解散。

第一年，福柯的研讨班专注于刑事精神病学主题。这个研讨班和 1974—1975 年度的"不正常的人"讲座的原始资料主要选自《法院公告》（*Gazette des tribunaux*）和《卫生和医学法律年鉴》（*Annales d'hygiène et de medicine légale*），它们

---

[1] Louis Althusser, *L'Avenir dure longtemps* (Paris, 1992), pp.224–225.

定期公布关于杀人犯、阴阳人、性变态者和其他社会"怪物"的可怕报道。[1] 因为它们揭示关于疯癫的医学话语与关于犯罪学的法律话语之间交集的方式,女仆突然莫名其妙地杀害交由她们照看的小孩的故事是有吸引力的。

尤其是,有一个故事被证明是非常有吸引力的。1835年,一位名叫皮埃尔·里维埃(Pierre Rivière)的年轻农民用一把镰刀杀害了他的母亲、哥哥和姐姐,然后躲开了他的追捕者,艰苦地生活在诺曼底的乡下。当他最终被逮捕送上法庭的时候,里维埃引起了轰动。这位据推测目不识丁的农民虽然被一些人视为不过是一个白痴乡巴佬,但他向法庭提交了一份长篇大论、有说服力的回忆录,以期解释他的行为。他解释说,他杀害他的母亲是因为她虐待他父亲的方式,杀害他的哥哥姐姐是因为他们爱她。从头至尾,他都是在依照上帝和天使给予他的指示行事。里维埃被认定犯有谋杀罪,判处死刑。经过上诉,判决被降至终身监禁。他是1832年通过的一部法律的受益人:任何被认为患有精神病的人都不得被指控犯罪。然而,他们可能以精神病治疗为由被监禁;正是在监狱里,里维埃于1840年自杀。在一个微不足道的

---

[1] Michel Foucault, *Les Anormaux: cours au Collège de France, 1974–1975* (Paris, 1999).

六 生存美学

层面上,这个案子让福柯感到有趣,他上学时有一个男孩就叫皮埃尔·里维埃。其真正的吸引力在于对犯罪学和疯癫等概念的重要变化的启示。

研讨小组致力于里维埃文本长达两年。人数有些波动,但大约有十五人定期参与。所公布的记述是不完整的,但暗示里维埃的手稿可以在卡昂(Caen)的档案里找到。历史学家让-皮埃尔·彼得(Jean-Pierre Peter)受指派去寻找。出于某种奇迹,它幸免于毁掉了该市大部分档案的1944年空袭,被转移到了国家图书馆,在那里可以复印手稿。原文出版于1974年,附有八位研讨班参与者的短小"注释"。"注释"讨论法律语境、医生和法官之间的关系,以及"从轻处罚情节"(attenuating circumstances),但它们并不阐释原文。事实只能靠自证,为谋杀三人提供的唯一解释是里维埃自己的解释。该书大获成功,甚至在1975年被雷内·阿利奥(René Allio)改编搬上了银幕。[1]

福柯并不经常有机会享受这种集体工作。他曾设法让研讨班"封闭",但学院行政规定,研讨班就像讲座一样,必须向所有人开放。盒式录音机再次亮相,研讨班实际上变为

---

[1] 参见 *Moi, Pierre Rivière, ayant égorgé ma mere, ma soeur et mon frère… un cas de parricide au XIXe siècle présenté par Michel Foucault*,(Paris,1973)。

了另一门讲授课程。将产生集体出版物的其他唯一研讨班是1974年的研讨班,它交替于"精神病报告"的法律使用与功能和"现代医院的起源"或者"矫正机器"之间。这一次福柯通过把他的研讨班私有化,规避了学院条例。一个人数不多的工作小组私下见面,要么是在他的学院办公室,要么是在他家里,或者甚至在咖啡屋。人数问题最终依靠简化的办法来解决。1980年底,福柯取消了他的研讨班,开设了时长两小时而非一小时的讲座课程。

1973—1974年的研讨班聚焦于可以确认的18世纪卫生政策的出现,以及在同一时期的医学职业化。被确定的主题包括对童年的重新聚焦、家庭的医疗化、卫生的日益增长的重要性,以及药物作为一种社会控制手段的使用。注意力也有被分配给有着自己的建筑和规划系统、作为一种特定医疗空间的医院的出现,其代表是巴黎主宫(Hôtel-Dieu)在18世纪80年代末的修葺。团队合作的出版物几乎无人问津,仅有康吉莱姆对之有评论。[1] 正是类似的工作引发了福柯的"生物权力"(bio-power)概念。生物权力意指诞生于如下

---

[1] *Les Machines à guérir (Aux Origines de l'hôpital moderne). Dossier présenté par Michel Foucault, Blandine Barret Kriegel, Anne Thalamy, François Beguin, Brunto Fortier* (Brussels and Liège, 1977); Georges Canguilhem, 'Les Machines à guérir', *Le Monde*, 6 April 1977.

六　生存美学

认识的一切策略,这些认识即政府必须与芸芸众生打交道,芸芸众生的需求必须通过社会技术得到满足,社会技术同时满足和创造他们在卫生保健、住房、市政规划、社会工作、教育等领域的需要。福柯经常称之为"人的治理"。人的治理总是关涉对人的权力。统计学家和经济学家所获取的关于一群人的知识是权力——知识的一种形式,甚至提供更好的住房等显而易见的慈善行动也都是社会求权意志的一种表达。有时候,福柯为了强调权力斗争和反抗斗争在社会上无处不在,会论及权力的微观物理学。一如他在 1976 年讲座中详细证明的那样,社会总是处在自我战争之中。[1] 虽然这是霍布斯(Hobbes)以降的政治哲学的一个重要主题,但它也是一个教训,可以从参与监狱信息小组、从恐怖的古德多街头的反对种族主义运动中吸取的教训。

现在,福柯越来越频繁地到海外旅行。1973 年 5 月,他在蒙特利尔和纽约发表了演讲,然后进行了巴西演讲之旅。这将成为一种可以辨认的模式。福柯在法兰西公学院的学年不长且不固定,一如他曾经所指出的那样,仅仅"从耶稣

---

[1] 参见 Michel Foucault, *'Il faut défendre la société'* (Paris, 1997)。

诞生（延续）到复活节"[1]；因此，夏季和秋季可以被用于度假、研究和演讲旅行。他的海外旅行通常是特定机构邀请的结果，但巴西之旅是受大致相当于英国文化协会（British Council）的法语联盟（Alliance Française）的资助进行的。他喜欢旅行，喜欢探索新地方和新乐趣，但演讲旅行并非完全是享乐。尽管他已有多年经验和掌控听众的能力，但对于作秀和必须在拥挤不堪的大厅里演讲，福柯总是多少有些紧张。记者招待会和暴露在镁光灯下拍照让他感到拘束。虽然多数时候他都喜欢所进行的社交活动，但在他不得不参加正式招待会的时候，他会心生不快，因为在那里他必须对身着长晚礼服的女士礼貌以待。

访问美国是因为伯克利大学利奥·贝尔萨尼（Leo Bersani）的邀请。这是福柯首次访问加州，他旋即强烈地喜欢上了西部海岸——它的温和气候，以及它的轻松氛围。加利福尼亚也是蒸蒸日上的同性恋文化的所在地，其特征是在巴黎依然几乎不可想象的性开放。虽然福柯在这次短暂的旅行中几乎没有时间一探究竟，但他将非常熟悉它可以为他提供的五花

---

[1] *Michel Foucault, L'Herméneutique du sujet: cours au Collège de France, 1981–1982* (Paris, 2001), p.378.

六 生存美学

八门的乐趣。乐趣之一是迷幻药(LSD,另译作"摇头丸")。之前福柯从未沾过毒品,虽然他曾在书中描述过其后果。20世纪70年代中期,迷幻药不是因无聊之故而服用的舞厅幻觉剂,而是某种将以差不多仪式性的方式被使用的东西。有一种关于它的危险氛围,但也有人认为,它可以打开感觉的大门,就像奥尔德斯·赫胥黎(Aldous Huxley)在1954年描述麦司卡林(mescaline)的作用时,引用布莱克(Blake)的话所指出的那样。与两位同性恋学者一道,福柯第一次喝了迷幻药酸(acid)。幻觉场景是死亡谷(Death Valley),原声音乐是斯托克豪森(Stockhausen)的磁带。数月之后,他向克劳德·莫里亚克提及了"一个难以忘怀的迷幻药之夜:精心准备的剂量、沙漠之夜、怡人的音乐、友好的伙伴、适量的查特酒"。他的经验证实了他的信念:迷幻药让使用者体验到一种不为正常与病态之间的二分法所限制的"非理性"或者疯癫。[1]

有一次海外旅行是因迥然不同的原因而进行的。1975年9月初,西班牙弗朗哥政权因为一位国民警卫队成员的遇

---

[1] 援引自 Claude Mauriac, *Mauriac et fils* (Paris, 1986), p. 222;'Qui êtesvous, professeur Foucault?'(interview with P. Caruso, 1967), in *Dits et écrits*, vol. I, p.607。

害,处死了巴斯克(Basque)分离主义组织埃塔(Euskadi Ta Askatasuna,ETA)的两位成员。来自"反法西斯爱国革命阵线"(Frente Revolucionario Antifascista y Patriótico,FRAP)的其他八位武装分子,包括两位妇女,正在等候处决。于是出现了世界性的反感,针对的与其说是判决本身,毋宁说是处决的方式:绞刑处死。凯瑟琳·冯·比洛告知了福柯和克劳德·莫里亚克这一消息;比洛坚持认为一是必须有所作为,一是他们是会这样做的人。福柯对西班牙或者埃塔几乎一无所知,虽然他的确记得西班牙难民来到普瓦捷,认为弗朗哥是"独裁者中最血腥的"。[1] 无论是他还是其他任何人,都不太了解"反法西斯爱国革命阵线",它是已然被警方严重渗透、在某种意义上已然失效的毛主义组织的一个军事派别。尽管如此,福柯深信必须有所作为,并且愿意参与其中。最后的结果就是福柯和其他五人受派遣去马德里,他们希望在那里提交一份福柯起草的请愿书,举行记者招待会,谴责弗朗哥的野蛮行径。这一事件以闹剧收场,因为六人全部被捕,被送上了返回巴黎的第一个航班。福柯觉得他可以

---

[1] 援引自 Claude Mauriac, *Et comme l'espérance est violente* (Paris, 1986), pp.59–91。

六 生存美学

感受到法西斯主义的实际存在，想起了他在普瓦捷的童年："我们再次看到了我们已然在德国占领期间所熟悉的景象：群众的沉默——什么也不看，什么也不说。"[1]

1975年9月27日，西班牙武装分子中有五位被处死，弗朗哥对国际抗议风暴的唯一让步就是让他们被枪毙而不是被绞死。九个欧洲国家从马德里召回了它们的大使。法国政府一言未发。自发的抗议把包括福柯、莫里亚克和德菲在内的示威者带向了巴黎街头，当他们与设法保护西班牙大使馆的警察发生冲突的时候，香榭丽舍大道成为了战场。周末，成千上万市民从共和国广场（République）游行到了巴士底广场，以示抗议。让戴高乐的前秘书之一莫里亚克惊讶的是，他发现自己是在为支持"反法西斯爱国革命阵线"，一个支持恐怖主义的秘密组织而游行和愤怒。无论是莫里亚克还是福柯，二者都不曾撰文宽恕恐怖主义，他们也不曾为"反法西斯爱国革命阵线"在马德里的行为进行辩护。他们也没有宽恕德国"红军派"（Rote Armee Fraktion，RFA）的恐怖主义，红军派在英国主要被称作"巴德尔－迈因霍夫集团"（Baader-Meinhoff Gang），在法国被称作"巴德尔

---

[1] 'Asiles, sexualité, prisons', *Dits et écrits*, vol. II, p.775.

帮"(la bande à Baader)。但是，当克劳斯·克鲁瓦桑（Klaus Croissant）——红军派 1975 年受审时为其成员辩护的律师之一——于 1977 年底在巴黎被捕、将被引渡并面临支持犯罪组织指控的时候，福柯是为支持他的请愿书签名的五十位左右"名流"之一。在《新观察家》上撰文时，福柯谈到了克鲁瓦桑的拥有辩护律师这一不可剥夺的权力，但并未宽恕其委托人的行为。[1] 巴黎发生了异常暴力的抗议，福柯再次参与；当他卷入到一起治安指控的时候，他付出了一根肋骨骨折的代价。克鲁瓦桑事件导致了一些人员关系紧张。福柯拒绝为被瓜塔里（Guattari）正在散发的一份请愿书签名，因为它将西德形容为"法西斯主义国家"，他也不认同热内的如下断言：所有人都应对红军派"感恩戴德"，因为它证明了唯有暴力方能终止人类的暴行。[2] 与瓜塔里的意见分歧导致了他与曾经的密友、老盟友德勒兹失和，导致了与热内关系的冷淡。

现在，马德里事件可能看起来差不多是荒谬的；一个自封的法国知识分子团体有权干预，这一假设是不无傲慢的。

---

[1] 'Vat-t-on extrader Klaus Croissant', *Dits et écrits*, vol. III, pp. 361–365.

[2] Jean Genet, 'Violence et brutalité', *Le Monde*, 2 September 1977.

六 生存美学

然而,在马德里被宣读的文本是有重要意义的。它使用普世人权的语言、正义的语言:

> 在欧洲,我们始终为正义而战。即使是今天,每当它受到威胁的时候,我们也必须为它而战……我们要求正义的基本权利必须得到西班牙人的尊重,就像它们在别处受到人们的尊重一样。[1]

很显然,福柯与无产阶级左派的毛主义以及它关于概括性的"阶级正义"的言论,相距甚远。两年后,他是为礼待前苏联异见分子而在雷卡米耶剧院(Théâtre Recamier)举行的一次招待会的总组织者,此次招待会是作为抗议列昂尼德·勃列日涅夫(Leonid Brezhnev)对巴黎进行国事访问的一种方法。他再次使用了普世权利的语言。仅仅在数年之前,很多人都还一直在因苏联领导人的"修正主义",而不是因他极其恶劣的关于人权的记录谴责他。福柯的政治词汇变化可以被视为更广泛的政治海洋变化的一部分。马德里恶作剧之后的数月内,安德烈·格鲁克斯曼(André Glucksmann)和伯

---

[1] 参见 Mauriac, *Et comme l'espérance est violente*, pp.590–591。

纳德-亨利·列维（Bernard-Henri Lévy）一直在写书，它们将成为1977年的畅销书。"新哲学家"即将登台。对很多人而言，马克思主义的年代行将结束。

现在，福柯愈发以"被治理者"的权利为视角进行言说。"被治理者"一词反映了讲授课程和研讨班正在选择的方向。它们开始通过着眼于"治理"或者"治理术"等福柯用于描述旨在管理人类行为的一切技术和程序的术语，拓展生物权力这一主题。比如，在1979年的研讨班上，福柯提及了"儿童的治理""灵魂的治理""家务的治理"和"自我的治理"。最后一个概念将发展为生存美学的概念。就其本身而言，"灵魂的治理"这一概念是福柯日益着迷于忏悔和赎罪的仪式性方法的起点。

就出版而言，福柯现在相对沉默了一段时间，他的精力多半投入到了他的微观政治中，但他并未停止工作。或许是始于1972年，完稿于1974年夏，《规训与惩罚》（*Surveiller et punir*）出版于1975年。该书非常引人注目地以两个并置的意象开篇。第一个意象是对罗伯特-弗朗索瓦·达米安（Robert-François Damiens）在1757年被公开折磨和斩首的当代叙述，他因为谋杀路易十五未遂被判处了死刑。他的刑罚令人毛骨悚然：肌肉从他的胸部、手臂和大腿上被撕下来之

六 生存美学

后,他那曾挥舞匕首的右手必须被割掉。他的四肢必须被朝不同方向疾驰的四匹马扯掉。结果,马并不胜任这一任务;在它们可以肢解他之前,刑吏不得不割断他的四肢。然后,文本引用了在1838年为"年轻罪犯之家"(Maison des Jeunes Détenus)草拟的一套规则。夏天清晨五点,冬天清晨六点,犯人们开始他们的九小时制工作日。两小时专门用于他们的教育。沉默是规矩。《规训与惩罚》是权力体制从公开地、极为暴力地运行过渡到作用于拉桑特监狱之类机构的沉默之中的历史。达米安犯有袭击国王肉身之罪,正如恩斯特·康托洛维茨(Ernst Kantorowicz)在其对"中世纪政治神学"的杰出研究中所描述的那样,国王还有象征性的身体和不腐不朽的身体。[1] 施加在达米安身上的可怕暴力是王室权力的一种显见表达。显见的痛苦现已消失:到这个过渡时期结束的时候,犯人们不再被戴上脚镣手铐从他们将遭放逐的地方示众到休息处,而是以配有单人囚室的封闭车辆被流放。监禁成为新标准。变化未必是权力一方的一种解放:目标是要惩罚得更少,但惩罚得更好。

---

[1] Michel Foucault, *Surveiller et punir* (Paris, 1975); trans. by Alan Sheridan as *Discipline and Punish* (London, 1977). 参见 Ernst H. Kantorowicz, *The King's Two Bodies: A Study in Medieval Political Theology* (Princeton, NJ, 1957)。

重点的转移并不局限于法律制度：拉桑特监狱看起来非常像圣安妮医院。亨利四世中学可能看起来像营房。在工业革命时代初期的学校、军队和工厂，儿童、士兵和工人的身体受制于新式规训，受支配于让他们既顺从又有用的新式权力关系，以及决定徒刑的法律，而这些法律不过是那些权力关系的一种表达。虽然福柯不再使用这个术语本身，但据说新式规训可能受支配于一种以"监视（surveillance）和惩罚（punishment）"等词为例证的新式知识型。监视机制的代表是英国功利主义哲学家杰里米·边沁（Jeremy Bentham）所描述的"圆形监狱"（panopticon）。《圆形监狱》（*The Panopticon*）有两个版本：一个是收在边沁《全集》卷四的完整版本，一个是国民议会（Assemblée Nationale）在 1791 年委托制作的简明法语版。1977 年，后者再版，附有一篇福柯论述"权力之眼"的文章，以及一篇出自历史学家米歇尔·佩罗（Michelle Perrot）之手的后记。[1]

该名词源自希腊语"panoptos"（被全视）和"panoptes"（全视），原本意指合二为一的望远镜和显微镜。边沁所描述的圆形监狱是一座圆形建筑，其中心是一座高塔。塔楼被为

---

[1] Jeremy Bentham, *Le Panoptique* (Paris, 1977).

六 生存美学

巴黎拉桑特监狱的围墙

巴黎圣安妮医院的围墙：医院与监狱难辨

了监视环形内侧而设置的宽大窗户所穿透，环形内侧被分为窗户面向塔楼的单独囚室。管理者可以观察到每一间囚室的居住者：精神病患者、学生、囚犯或者工人。他们的可见性是他们陷入其间的陷阱。理想的圆形监狱从未被修建，但它确实为实际的监狱提供了一种模型，包括从巴黎的拉桑特监狱到曼彻斯特的斯特兰奇维斯监狱（Strangeways）。1969年，就在巴黎城外的模范监狱弗勒里－梅罗吉监狱投入使用，但它照搬了1836年开放的小罗盖特（Petite Roquette，又译小丘）的全景设计。

圆形监禁是规训权力借以个性化处理其对象的方法之一。一如违犯法规的鸡奸者变为有过往、历史、心理特点以及性癖好的同性恋者那样，罪犯变得比他／她的行为更加重要，因为是话语的增生，而不仅仅是精神病学，把犯罪行为和罪犯写进法典。精神病学报告、社会调查和个人历史的整理合力形成必须保护社会不受其危害的"危险人物"这一概念。于是便有了对皮埃尔·里维埃的生活、过往和性格所进行的详细考察。

就像《疯癫史》在1961年的出版那样，《规训与惩罚》的出版似乎开启了一个杰出创造力时期。1976年11月5日，《世界报》头版宣告"福柯六卷本"行将出版。12月，其中

六　生存美学

的第一卷面世。《认知的意志》(*La Volonté de savoir*，又译《知识意志》)被介绍为多卷本《性经验史》的导论。根据介绍，即将出版的各卷分别讨论"肉体与身体""儿童十字军""妇女、母亲与歇斯底里患者、性变态者""人口与人种"。虽然所有这些主题在福柯的讲座或者别处都有涉及，但承诺的著作从未问世。

福柯以推翻所谓的压抑假说为起点。根据压抑假说，19世纪，尤其是维多利亚英国，一直以性缄默为特征。这并非仅仅是一个历史问题；当时五花八门的性解放团体依旧在谈论以欲望之名反对"性压抑"的需要。从现在开始，福柯将越来越多地谈论"快感"(pleasure)，而不是欲望。因此，他让自己与主要联系着德勒兹和瓜塔里的所谓欲望哲学保持了距离。在他们1972年出版的《反俄狄浦斯》(*Anti-Oedipe*)中，哲学家和精神分析学家勾勒了这样一种哲学——它彻底颠覆了欲望乃对匮乏之物的一种反应和渴望这一传统观念，坚持欲望是一种创造它为对象的机动力量。[1] 该书很深奥，有时候难懂得令人生气，但也非常有趣，尤其是在它数落古典精神分析的"家庭主义"的时候，换言之，在"家庭主义"把

---

[1]　Gilles Deleuze and Félix Guattari, *Anti-Oedipe* (Paris, 1972).

每个问题都简化为"妈妈、爸爸和我"这一永恒三角的时候。因为其欲望永恒循环和创造这一观点,《反俄狄浦斯》影响巨大,尤其对奥康让的同性恋解放观产生了影响。通过让自己与欲望哲学拉开距离,福柯也让自己与同性恋政治的支配部分之一拉开了距离。

对英国发表评论的主要原始资料是史蒂文·马库斯(*Steven Marcus*)的《另类维多利亚时代人》(*The Other Victorians*),它着眼于繁荣在一个所谓的清教徒压抑时期的色情文学。[1] 相反,19世纪是一个以刺激了性话题的话语大量产生为代表的时期的开始。两条引语的并置巧妙地说明了言说性事的命令的普遍存在。第一条摘自一本忏悔者手册:忏悔者受制于要和盘道出的命令,要透露关于性行为、思想和欲望的所有细节。该引语源自萨德的《索多玛的120天》(*120 Journée de Sodome*)。当让堕落的浪子兴趣盎然的故事讲述者把自己封闭在城堡时,他们需要在忏悔行为中淫秽地模仿,从而"和盘道出"。对福柯而言,这个版本的"和盘道出"的前身是狄德罗(Diderot)的《不谨慎的小宝贝》(*Les*

---

[1] Steven Marcus, *The Other Victorians: A Study of Pornography and Sexuality in Mid-Nineteenth-Century England* (London, 1966).

Bijoux indiscrets，又译《八卦珠宝》）。[1] 启蒙哲学家写于1747—1748年间的艳丽的情色小说讲述了一个虚构国度的统治者的故事，他有一只魔戒。当魔戒上的宝石指向某位妇女的时候，它有能力让她道出所有实情。但她并不用她的嘴巴说话：她的"珠宝"或者阴道将代替她说话。对流行于启蒙哲学、忏悔神学和色情文学的某种性事话语而言，真相是由生殖器所言说。忏悔与和盘道出都为"性变态"与关于性事的科学话语的结合提供基础。旧制度曾提及鸡奸行为；关于性事的新话语可能是医学的、法律的和/或精神病学的，产生了被称为"同性恋"的物种。个人进行鸡奸行为，但同性恋者有过往、生活方式、童年和历史，或许甚至神秘的生理机能。同性恋本身又分为种种亚种：性变态、鸡奸、精神雌雄同体。关于性事的新话语很容易总结："告诉我你之所想，我就告诉你你之所是。"类似的变化可以见诸犯罪学：盗窃或者谋杀等行为变为一种个性的表达，因为法律、社会工作者和警察甚至在他/她作案之前，就定义了"危险人物"的存在。同性恋和危险人物现在具有一个谱系。文本勾勒出情

---

[1] Michel Foucault, *La Volonté de savoir* (Paris, 1976); trans. by Robert Hurley as *The History of Sexuality. Volume Ⅰ: An Introduction* (London, 1979).

色艺术（ars erotica）和性科学（scientia sexualis）之间的二分、快感经济和有序的知识制度之间的二分。对前者而言，性事是从快感中获取真相的艺术的一个面向，而快感被同时定义为一种个人被逐渐引入的实践和一次经验的记录。性科学关注的不是快感，而是权力—知识形式的获得。它的动力是与尼采的权力意志类似的"认知的意志"。

根据这种观点，权力并不仅仅是压制的：它生成话语，

米歇尔·福柯

而不是让话语缄默。它可以被定义为内在于它被使用于其间的领域的多种力量关系。它提出行为标准,把某些行为方式——以及某些个人——归类为"不正常的"。它的效果是产生某种关于性的知识,而不是压抑性。比如,关于儿童时期性行为的19世纪话语——经常聚焦对手淫的禁止——是被儿童、儿童的父母、老师和医生之间的关系定义的。想必这会是所承诺的那部关于"儿童十字军"的著作的主题。

正是在这一语境下,福柯开始勾勒他最终称之为生存美学的东西。《认知的意志》反对强调"性—欲望",开始为"身体与快感"的新经济做准备。在为宣传该书而发表的一次访谈中,福柯宣布他本人支持"所有快感的去中心化、地区化"。他向另一位访谈者提及了这样一种运动的出现,它并不要求更多的性或者关于性的更多真相,而是制造其他形式的快感、关系、联系和爱情。他希望看到"单调无味的性事沙漠的终结,性专制的终结"。快感必须从个人主体的身份中解放出来,从所有建构话语中解放出来。他认为,性专制终结的标志是年轻小说家、摄影师艾尔维·吉贝尔(Hervé Guibert)的《宣传之死》(*La Mort propagande*)的出版:"他使用肮脏的材料建构身体、幻想、城堡、联盟、亲切、种族、陶醉;关于性的一切时髦因素全被发散……"在谢雷和奥康让合著的一本书中，他看到了另一个符号，它证明儿童拥有"一种'性'网格为之建立一座名副其实的监狱的快感制度"。[1] 在这里，福柯是靠不住的：该"书"是瓜塔里的刊物《研究》(*Recherche*) 的一期特刊，题为《酷儿》(*Coïre*)。它被描述为一本"系统的童年专辑"，插图精美，实际上是对恋童癖或者"男人—男孩爱情"的一纸优美的辩解书。恋童癖丑闻尚在发酵，各路自由左派已准备好以性解放之名证明它是正当的。

福柯绝非恋童癖者，但他肯定喜欢像22岁的艾尔维·吉贝尔那样的年轻人的陪伴。吉贝尔是一个正在寻找"主人"的年轻人。虽然他要当电影导演的抱负受了挫，但他是很有天赋的摄影师，定期就此主题为《世界报》撰文。20世纪70年代初，他接近过巴特，希望他会帮助他闯入出版界，但拒绝了巴特所谓的性挑逗，因为他不喜欢老男人。他发现了他的主人福柯，成为了福柯的密友。友谊是生存美学的一个重要部分，福柯已然开始让一众年轻男人围着自己转，虽然有关的友谊未必与性有关。他的年轻献媚者，比如吉贝尔和文学记者马蒂厄·兰东（Mathieu Lindon），都既有

---

[1] Michel Foucault. 'Non au sexe roi', *Dits et écrits*, vol. III, pp.261–262.

六 生存美学

艺术天赋,又相貌堂堂。成为吉贝尔的朋友或者主人是一份非常危险的工作,因为他的特点之一就是背叛那些与之亲近的人。他的著述就是在福柯去世之后爆发的"丑闻"之源。他令人吃惊的美貌和魅力并未阻止美国小说家埃德蒙·怀特(Edmund White)把他视为"穿牛仔裤的萨德"。[1] 1991年12月,艾尔维·吉贝尔过量服用他一直在服用的抗艾滋药,自杀身亡。

1977年,吉贝尔的小说出版,但当季的畅销书是伯纳德-亨利·列维的《戴着人类面具的野蛮主义》(*Le Barbarisme à visage humain*)和格鲁克斯曼的《思想大家》(*Les Maîtres-penseurs*)。这些是对所谓的新哲学的古典表达。"新哲学"(nouveaux philosophes)一语是列维发明的,以期描述他为格拉塞出版社(Grasset)编辑的一个系列出版物的作者们。他们当中不少人都是之前的毛主义者,比如曾在区区几年之前呼吁废除工资制度和消灭万森纳大学的格鲁克斯曼。深受索尔仁尼琴(Solzhenitsyn)——1974年初,他的《古拉格群岛》(*Gulag Archipelago*)出版了译本——的影响,他

---

[1] Michel Foucault, 'Non au sexe roi', vol. III, pp. 261–262. 关于吉贝尔(Guibert),参见 François Buot, *Hervé Guibert, le jeune homme et la mort* (Paris, 1999); Christian Solell, *Hervé Guibert* (Saint-Etienne, 2002)。

们现在得出结论,古拉格群岛是典型的共产主义,俨如奥斯维辛集中营是典型的纳粹主义。从根本上讲,两种形式的集权主义都是启蒙运动和黑格尔理性的"冷血怪物"(cold monster)的表达。格鲁克斯曼认为,福柯在《疯狂史》中所描述的大监禁、在《规训与惩罚》中所分析的有条不紊的监狱制度是集权制理性发展的主要阶段。福柯对格鲁克斯曼对其著作的阐释并非无动于衷,于5月在《新观察家》上以褒扬的语气评论了《思想大家》。[1] 一如阿尔都塞学派依然在设法证明的那样,该书阐明了古拉格群岛并未出现的事实,因为斯大林未能正确解读马克思和列宁。

现在,苏联异见人士变成了福柯的主要关注对象之一。1976年12月17日,他亮相于"叛逆者"(Apostrophes),它是法国电视的旗舰艺术节目。他受邀讨论《认知的意志》,但对它却绝口未提,把分配给他的直播时间花在了讨论新近公开报道的米哈伊尔·斯特恩博士(Dr. Mikhail Stern)的案子上,这位博士是一位资深的苏联医生,因为拒绝听从克格勃(KGB)的建议——他应当利用他的家长权威劝阻他儿子移民以色列——被送往了劳改营。福柯的休戚与共姿态既是

---

[1] 'La Grande Colère des faits', *Dits et écrits*, vol. III, pp.277–281.

六 生存美学

慷慨的,也是真诚的,但它让很多观众感到失望。

1979年4月1日,一份新月刊的创刊号出现在法国各地的2000家书报亭。《盖皮耶》(*Gai Pied*)是在法国公开销售的第一份同性恋杂志。它的出现标志着同性恋激进主义者方面的一个策略变化。在同性恋革命行动阵线的短命爆发之后,同性恋激进分子聚焦小规模的以地区为基础而组织的"同性恋解放小组"(Groupes de Libération Homosexuels)。他们废除维希政府立法和米尔盖修正案的运动未获成功;虽然一种新的、更加明显的同性恋文化正在浮现,但它依然时常

1977年,在家中的福柯

遭遇压抑和敌意。1976年，一小群人试图敬献花圈纪念在被占领期间遭驱逐到德国集中营的同性恋男子。花圈被踩在了地下。因为登载男女同性恋者的"联系"广告，同性恋解放小组经常被送上法庭。《盖皮耶》通过变为一份可了解同性恋信息、联系方式和可见性的刊物，旨在让同性恋者建立一种新形象。杂志畅销，于1982年秋改为了周刊。

福柯并未参与同性恋解放小组的运动，但他认识那些曾经的参与者中的很多人，包括让·勒·比图（Jean Le Bitoux），他现在是《盖皮耶》第一编辑团队的成员。勒·比图始终坚持，是福柯为杂志起的名，那是在他们有一次共享愉快的晚餐——他们不时就这样——期间。这个刊名是一个巧妙的双关语：其字面意思是"快活的脚"（gay foot），但"把脚"（prendre son pied）是一个俚语，意思是获得性快感，或者"获得性高潮"。福柯本人希望扩展这一双关语，把其撰稿人和读者称作"轻快步行者"（gais piétons/gay pedestrian）。杂志内容多样化，从有趣的地方和国际新闻到同性恋社区，再到综合性的文化报道、填字游戏，以及由作家伊夫·纳瓦尔（Yves Navarre）撰稿的一个烹饪专栏。它也依照老战术——挑衅政府禁止任何杂志发表他们的作品——登载萨特和让-保罗·阿隆等重要人物的文章，以及对他们

六 生存美学

的访谈。政府并未给予方便。

第一期登载了米歇尔·福柯的一篇文章，它是应勒·比图的邀请撰写的。简短的"如此简单的快感"（Un plaisir si simple）是对自杀主题的一种苦乐参半的冥思。福柯谨慎地说"身体纤细、面色苍白的男孩"，他们毕其一生进入死亡候客厅，最后离开了那里，在出去的路上关上了大门。他论证了自杀的权力，然后建议潜在的自杀者应该可以获得类似于他曾在日本见到过的"情侣酒店"（love hotel）的东西。它们是"你可以于其间与匿名的伙伴一道，找到没有任何身份地死去的机会"的地方。那就是"如此简单的快感"。[1]《盖皮耶》并不是发表这类不可思议的空幻之作的最理想之处，但福柯急于证明如下观点：同性恋男子（杂志的目标读者并不包括女同性恋者）不应仅仅由他们的性事来界定。

一个月以后，福柯表示了他与同性恋运动之中的一种迥异的趋势休戚与共，当时他接受了邀请，与保罗·韦纳——1976年以降的法兰西公学院罗马史教授、让-保罗·阿隆和知名英国通罗贝尔·梅尔（Robert Merle）等人一道，在阿卡迪（Arcadie）年会上发言。阿卡迪是由前研讨班学员安德

---

[1] 'Un plaisir simple', *Dits et écrits*, vol. III, pp.777–779.

烈·博德里（André Baudry）在 1954 年成立的，它是法国最早的同性恋或者"同性恋权力支持者"组织。它宣称旨在提升对同性恋者的接受与宽容，而审慎即是它的口号。它办的杂志也叫《阿卡迪》（*Arcadie*），是用普通信封寄给订阅人。阿卡迪组织各种讲座、文化活动和舞会，其间任何超越最轻微的身体接触的行为都是不允许的。尽管出现了鄙视它胆小顺从的更为喧嚣的新组织，阿卡迪运行如故，依然在火车东站（Gare de l'est）附近的水塔街（rue du Château d'eau）的一家废弃电影院（该建筑现在是巴黎的萨尔萨音乐和舞蹈的主要场所）的褪色的辉煌中，举办舞会。福柯的贡献是为《阿丽西娜》（*Alexina*）的英译本撰写了法文版导言。它首先提出了一个将贯穿他的大多数后期作品的问题："我们**真正需要真实的性吗？**"这个具有欺骗性的简单问题是对任何欲望哲学，更为广泛地讲，对各种形式的身份政治的一种绝对挑战。它颠覆了"出柜"这一概念，进一步推而广之到任何始于"我作为一个……发言"的陈述，因为这样的话语模仿了忏悔室的形式："告诉我你之所想，我就告诉你你之所是。"

福柯能够在如此短的时间内满足如此不同的听众，这再次显示了他现身于他未曾被期待现身之处的能力。他实际上并无偏袒之心，同时为同性恋运动中的全然不同的两派

六 生存美学

提供支持，好像是为了提醒新一代同性恋积极分子他们确有前辈，不要急于抛弃曾在极为困难的氛围中被开展的无畏工作。一如经常发生的那样，他对阿卡迪的支持伴有一种谦虚但生动的姿态。会议结束时，博德里悄悄地塞给他一个信封，里面装有酬金2000法郎。福柯旋即递了回去，说一个同性恋男人与其他同性恋者交谈无须付费。博德里公开说过，在其同性恋组织的整个历史上，福柯是唯一拒绝酬金的演讲者。

七　死亡，不是失效

1978年4月，福柯重操文化专员的旧业，受法国文化部的资助造访日本。这一次，他有丹尼尔·德菲做伴。他们的访问持续了三周，让他们至少体验了日本的文化和好客。在东京，既有阿利奥操刀改编的《皮埃尔·里维埃》的放映、关于耳熟能详的主题的公开演讲，也有讨论的时间，与一个激进律师团体的代表、与社民党（Social Democratic Party）成员、与那些参与旨在阻止建设成田（Narita）新机场的引人注目的抗议者中的一些人。也有机会去造访东京的一些同性恋俱乐部："它们很小，至多只能容纳五到六个人……一种规模不大、彼此忠诚、流动性小的社区。"[1]

福柯对此次旅行的准备包括对禅宗的大众叙述的速成

---

[1]　参见'Le Gai Savoir Ⅱ', *Mec Magazine*, 6–7（July–August 1988）, pp.30–33. 本文未被收入 Michel Foucault, *Dits et écrits*（Paris, 1994）。

研究，而此次访问的最美时光是在旧帝都京都（Kyoto）的一处寺院度过的几日。福柯主要感兴趣于用于冥思的自我规训技巧。他虽然确实就此请教过僧人，但发现相关的瑜伽姿势既难学也难保持。福柯也渴望研究一种宗教，它并不像基督教那样依赖忏悔和赎罪仪式，而旨在自我的教化，并认识到自我本身不过是一种幻觉。[1] 诚然，这是对禅宗的复杂性的一种相当老套的意见，但它符合福柯对关切自我与有意识地、克制地享用各种快感相结合的方式的持续探究。

在整个 20 世纪 70 年代，福柯已然把学术活动与狂热的政治活动结合了起来。他越来越多地为报纸和杂志撰稿，而不是为专业性期刊。他开始相信哲学家应该是新闻记者，现在直接参与了一个新闻项目。1978 年 9 月 28 日，意大利日报《晚邮报》（*Corriere della Sera*）在其首版宣布它新近延揽了一位著名评论员，允诺将发表一系列题为"米歇尔·福柯研究"的文章。他现在在意大利享有相当大的名气；1977 年，他的一本访谈与短文集在意大利出了译本，题为《微观物理学的力量》（*Microfisica del potere*）。

---

[1] Michel Foucault and Richard Sennett, 'Sexuality and solitude', *London Review of Books*, 21 May–3 June 1981, p.5.

七 死亡，不是失效

　　福柯已然与《晚邮报》巴黎记者站主任阿尔贝托·卡瓦拉里（Alberto Cavallari）接触过，他们的讨论带来了系列文章的提议，于其间"对思想的分析将与对时事的分析相联系"，抑或说对现状的新诊断的提议。[1] 系列文章本身从未变为现实，但福柯确实在1978年秋为《晚邮报》撰写了七篇文章。它们是关于伊朗的文章，福柯生前没有在法国发表过，但《新观察家》上的一篇长文足以为法国读者总结出他的观点。[2]

　　福柯并非职业记者；无论是关于伊朗的政治和历史，还是关于正在动员组织反对国王（Shah）的什叶派教徒（Shi'ite），他都并无专业知识。去伊朗之前，他尽力弥补自己的无知，一方面找与巴黎的伊朗流亡者共事的律师、人权活动家谈话，一方面与反对党的流亡成员进行讨论。用他能够收集到的一点点知识做准备，然后他在9月和10月两次访问了伊朗。在他到达德黑兰的前几天，军队已然在黑色星期五（9月8日）向示威者开火，杀害了数千人。伊朗准备迎接一场革命，以及霍梅尼（Khomeini）的卷土重来。由于

---

[1] *Corriere della Sera*, 28 September 1978.

[2] 'A Quoi rêvent les Iraniens?', *Dits et écrits*, vol. II, pp. 688–695.

手无寸铁的示威者与军队再三冲突，抗议继续。福柯深信，他在德黑兰和圣城库姆（Qom）之所见是史无先例的："日益高涨，没有先锋，没有党派。"伊朗的事件是"一种政治灵性"的表达。[1] 他认为任何党派都不会取得政权、他之所见并不是人民普遍意志的真正表达。他并没有预见到1979年3月之后，霍梅尼政府将以激进的原教旨主义神权政治取代世俗的专制主义。

文章是有争议的，引发了对其作者的尖刻批评和攻击。他是霍梅尼的无条件支持者这一荒诞的说法弥久不散。公正地讲，应该说他并不是唯一误读了情势的人。在还没有了解伊斯兰原教旨主义之真正意味的欧洲极左圈，存在这样一种相当普遍的信念，即圣战游击队（Mujahideen）等武装力量将浮现出来领导一场人民革命。同样是事实的是，福柯不久便批评了伊朗新政权滥用人权[2]，但从此不再有《晚邮报》文章，不再有智识分子报道的实践。

福柯回到巴黎之后不久，一个新词进入了法语和英语，这时"船民"（boat people）开始搭乘经常在中国南海失事或

---

[1] 详见'Le Chef mythique de la révolte de l'Iran' and 'Téhéran: la foi contre le chah', in *Dits et écrits*, vol. III, pp.713–716, pp. 683–687。

[2] 'Lettre ouverte à Mehdi Bazargan', *Dits et écrits*, pp.780–783.

七 死亡，不是失效

者遭到海盗袭击的脆弱小船逃离越南。1978年11月8日，全世界电视观众都看到了载有数千难民的受重创货轮在马来西亚被海军阻止进港停靠的可怕画面。午夜时分，贝尔纳·库什内博士（Dr. Bernard Kouchner）接到了前毛主义者雅克·布鲁瓦耶勒（Jacques Broyelle）和克洛迪·布鲁瓦耶勒（Claudie Broyelle）夫妇的紧急电话。库什内是前法国共产党员，因为他的1968年比亚法拉（Biafra，又译比夫拉）经历，他曾致力于人道主义事务。他也是医疗救助机构"无国界医师组织"（Médicins sans Frontières）的创始人之一。来自布鲁瓦耶勒夫妇的信息直切要点：必须有所作为。库什内立即想到了他长期以来一直欣赏的福柯，一是因为《临床医学的诞生》给作为医科学生的他留下了深刻印象，一是因为在他看来，《临床医学的诞生》的作者其人始终捍卫市民社会，抵制国家和"强权"。

套路活动开始。11月9日，《世界报》刊登了包租救援船的声明和资金呼吁。签名者的寻找意在支持呼吁，最终达数百人之多。福柯最初不愿意签名，因为他压根就不相信这次呼吁会成功，但他成为"为越南派艘船运动"（Un Bâteau pour le Vietnam campaign）——它是通过11月20日的蒙当电视访谈发起的——的得力成员。这般呼吁的政治从来都是不容易的。全法国的托洛茨基组织都拒绝参与，共产主义者抱怨人权被用于了推动反共产主义和破坏缓和政策。蒙当和西涅莱等魅力人物的参与不可避免地引发了批评。库什内被指控自抬身价，毒舌们私下说他的船是为圣日耳曼德佩，而不是为越南。有时候，这次运动的目标处于因随之而来的报道而黯然失色的危险之中，尤其是1979年6月20日在鲁特西亚酒店（Lutétia）举办的记者招待会被大肆炒作，变为萨特与雷蒙·阿隆（Raymond Aron）之间的一个特意安排的和解场合的时候，萨特与雷蒙·阿隆曾经是密友和盟友，已然相互抨击三十余年。最终，运动获得了成功。一艘船被租到了，于1979年4月启航。[1]

1979年夏，福柯最终放弃了他几乎天天在国家图书馆工作这一老习惯。他非常厌恶人群和书籍传递的经常延期。在一次宴会上，他被引见认识了一位多明我会（Dominican）牧师。听说他在国家图书馆的问题之后，米歇尔·阿尔巴里克（Michel Albaric）为福柯提供了一种颇具吸引力的选择。他是附属于冰川街（rue de la Glacière）多明我会修道院的苏尔索瓦图书馆（Bibliothèque du Saulchoir）的主任，他向福

---

[1] 关于完整介绍，参见 Bernard Kouchner, *L'Ile de lumière* (paris, 1989)。

七 死亡,不是失效

巴黎苏尔索瓦图书馆

柯保证到那里会受到热烈欢迎。福柯接受了邀请。苏尔索瓦图书馆提供了怡人的工作环境。这座小图书馆背街而立,藏身于一座围绕一个下陷花园而建的令人愉快的现代建筑之中。福柯总是在同一张靠窗的桌子上工作。氛围对他很有吸引力,他曾向克劳德·莫里亚克开玩笑说,"倘若我不是一位彻底的无神论者,我就会是一位隐士……一位名副其实的隐士。"[1] 该图书馆的综合馆藏以神学和哲学为主,同时为

---

[1] Claude Mauriac, *Mauriac et fils* (Paris, 1986), p.226.

福柯分别聚焦"快感的享用"(use of pleasures)和"关切自我"的《性经验史》第二卷和第三卷提供了原始资料,以及为 1981 年和 1982 年他在法兰西公学院发表的关于主体性、真相和主体阐释学的讲座提供了原始资料。

1980 年始于不祥,止于更加不祥;当年 11 月,阿尔都塞在一次精神病发作期间凶杀了他妻子,在一连串精神病医院度过了他的余生。福柯定期拜访他,已然获得医院探视的经验。2 月 25 日,巴特在法兰西公学院外面过马路的时候,遭一辆厢式货车撞倒,被匆匆送到了萨尔佩替耶医院(Salpêtrière),鲜血直流,失去了知觉。事故似乎并不是特别严重,巴特很快就在接待源源不断的探视者了,包括他将向其咕哝说"真愚蠢"的福柯。一个月之后,巴特去世,享年 64 岁。根据他医生的说法,这次事故加重了巴特的存在已久的呼吸问题,但很多人认为,他在他敬爱的母亲于 1977 年去世之后,完全丧失了一切生活的意志。对福柯而言,他朋友的去世是"一件丑闻"。他处于他的智识力量的巅峰时期,本应有多年的旺盛创作在前方。在济济一堂的法兰西公学院教授面前致悼词这一任务落在了福柯身上。他高度赞扬和感谢了一位朋友、一位伟大作家和一位优秀老师:"命中注定,物之可恶暴力——他能够憎恨的唯一现实——本应在我请你

七 死亡，不是失效

邀请他进来的那座房子的台阶上，结束一切。"[1]福柯本人已然在几乎相同的环境中，经历了物之可恶暴力。1978年7月，在穿过沃吉拉尔街的时候，他被一辆汽车撞倒了，被抛到了空中，然后落在了汽车的引擎盖上。玻璃碎片扎进了他的脸和头，他在医院住了一周多。五年后，他告诉一位加拿大采访人，他的直接反应就是宿命般地接受即刻死亡，但它很快就让位于一种"非常非常强烈的快感"。那是一个美丽的夏日黄昏，濒死经验变成了"我最好的记忆之一"。[2]这种快感可能是很强烈的，但福柯第二年遭受了严重头痛和恶心发作的折磨。

1980年4月15日，巴特去世刚好两个月之后，萨特去世。四天之后，他的尸体被护送到了蒙帕纳斯公墓（Montparnasse Cemetery）。据估计，跟随灵车穿过巴黎大街小巷的哀悼者介于二十万到三十万之间。有近乎疯狂的场景，尤其是在西蒙娜·德·波伏娃不得不尽力克制住纵身扑

---

[1] 'Roland Barthes (12 novembre 1915–26 mars 1980)', in *Dits et écrits*, vol. IV, p.125.

[2] 'The Minimalist Self' (English-language interview with Stephen Riggins, 1983) in Michel Foucault, *Politics, Philosophy, Culture: Selected Writings, 1977–1984*, ed. Lawrence D. Kritzman (London and New York, 1988), p.12.

进墓穴的时候。福柯最初不愿意参加葬礼。他对萨特既无个人方面的也无哲学方面的同情，而且非常厌恶波伏娃。他对萨特什么也不亏欠。最后德菲说服了他必须参加，即使只是为了向萨特作为战后时期典型的"法国知识分子"所扮演的角色表示尊敬。结果，他发现葬礼莫名其妙地感人，但并没有通过死亡的和解。在他和凯瑟琳·冯·比洛聊天的时候，福柯不无挖苦地说到了当他在巴黎高师求学时，被萨特所操练的"智识恐怖主义"。[1]

虽然苏尔索瓦图书馆的发现解决了他上图书馆的问题，但福柯愈发不再对法国抱有幻想。他实际上已然在克鲁瓦桑事件上与德勒兹绝交，他关于伊朗的文章既让他失去了朋友也让他受到了伤害。1980 年 5 月，一份新刊物的出现平添了他的不适。《辩论》(*Le Débat*) 是皮埃尔·诺拉 (Pierre Nora) 的创见；1966 年以降，皮埃尔·诺拉一直是福柯在伽利玛出版社的主要编辑。刊名的选定恰好是因为诺拉认为，在法国并没有真正的辩论；第一期许诺了"公开辩论"。在福柯看来，它似乎并不是公开的。他既没有被邀请撰稿，也

---

[1] Katarina von Bülow, 'Contredire est un devoir', *Le Débat*, 41 (September–October 1986), p.177.

七 死亡,不是失效

没有被一个他长期以来视之为朋友的人告知这个项目。诺拉自己的创刊号稿子是一篇关于知识分子的社会角色的文章,它宣称知识分子的批评功能经常服务于掩饰他们冷酷的政治不负责。[1] 由于总统大选将在一年之内举行,"不负责"的指控或许是对"知识分子"明显不愿意团结在社会主义候选人弗朗索瓦·密特朗(François Mitterrand)身后的批评;类似的帮腔之词(refrain)在他获胜之后也有被听闻,这时出现了关于"知识分子的沉默"的诋毁性说法。福柯认为这是对他自己的政治活动的一种个人的、非常负面的评论。结果是与诺拉的一场激烈争吵。福柯甚至威胁要舍弃伽利玛出版社,到别处去出版他的《性经验史》的余下各卷。

福柯对监狱的兴趣不曾减弱,他现在参与了为罗歇·克诺贝尔皮斯(Roger Knobelpiess)辩护的运动,罗歇·克诺贝尔皮斯是一个持械抢劫犯,其犯罪生涯始于小毛贼。1976年以来,他一直被关押在因20世纪70年代初的暴动和骚乱而新建的戒备森严的囚室之一。单独监禁和视频监视属于这些圆形监狱当代版的制度之列。在狱中服刑期间,克诺贝

---

[1] Pierre Nora, 'Que peuvent les intellectuels?', *Le Débat*, 1 May 1980, pp.3–19.

尔皮斯写出了他的《严密监视区》(*QHS: Quartier de Haute Sécurité*),一半是传记,一半是对他于其间度过了多半成年生活的监狱的谴责。福柯为之作了序,再次转向了"危险人物"这一问题。克诺贝尔皮斯总是否认他的初次盗窃指控。因为他不认罪,他不能接受他的监禁并反复绝食和自残,但未获准提出上诉。因为他抵制他的监禁,他当然就是危险囚犯,被关押在一间戒备森严的囚室里。他否认犯下过罪行,但**可能**犯下过。这个案子也说明,监狱存在于法律之外:没有法院可以把罗歇·克诺贝尔皮斯送到一间戒备森严的房间,但监狱官却可以。1981年11月,克诺贝尔皮斯回到法院上诉,最终得到了密特朗总统的特赦。两年后,他因为持械抢劫并杀害了两名警官,再次被捕。福柯因为对一位惯犯的支持频频受到嘲笑,甚至是被在监狱信息小组的运动处于最高潮期间,或许已然视他为某种大众英雄的人所嘲笑。[1]

随着他对法国的不满的增加,他对美国的迷恋也在增加,尤其是对纽约和加利福尼亚。有时候他甚至打算离

---

[1] Roger Knobelspiess, *QHS: Quartier de Haute Sécurité* (Préface de Michel Foucault), (Paris, 1980).

七 死亡，不是失效

开法国去美国教书，在那里找教职肯定不会有困难。1979年，他受邀到斯坦福大学做著名的"泰纳人文价值讲座"（Tanner Lectures on Human Values）；一年后，他在伯克利做了关于真理与主体性的一系列"霍文森讲座"（Howinson Lectures）。十一月，他在纽约人文研究院（Institute for the Humanities）做了"詹姆斯讲座"（James Lecture）。[1] 像这些一样的讲授课程是吸引大量听众、赋予讲座人超级明星地位的重大活动。

在加利福尼亚和纽约两地，福柯探究了更多的同性恋社群，频频出入于纽约的克里斯托弗街（Christopher Street）周围地区、旧金山的卡斯特罗地区（Castro district）。现在，数量惊人、种类繁多的寻欢作乐于俱乐部和公共浴室的后间被提供，福柯将这些后间形容为性实验的实验室。随着"舔肛"（rimming/anal-oralsex）与不言而喻的"拳交"（fist fucking）等行为的传播，实验变得越来越有外国情调。手帕的位置或者皮带上的纽扣等着装要求，代表了穿戴者的癖性和可得

---

[1] Sterling McMurrin, ed., *The Tanner Lecture on Human Values* (Salt Lake City, 1981). Unpublished transcripts of the Howinson Lectures can be consulted at IMEC, Paris.

性。身着皮套裤、戴着镣铐的皮装男的癖好是公开展示。性行为经常是在没有灯光的屋子里与匿名伙伴进行，似乎希望一次新鲜的、释放性的个性丧失。福柯深信，这样的行为，尤其是施虐受虐游戏，属于一种"全新的性行为艺术"，远远超过了抽插和射精。在黑暗中提供的翻新和变化改善了性行为，让快感传遍整个身心。就其本身而言，施虐受虐是对权力的一种色情化，是主人和奴隶的角色可以被虚构、颠倒、再确立于其间的一种策略性游戏。一如福柯在《倡导者》(*The Advocate*) 的一次访谈中所言[1]，它远远超过了喝酒、做爱和吃饭的传统快感。这是一种为毒品所刺激的文化，比如硝酸戊酯胶囊（poppers）、一系列苯丙胺和迷幻药。对福柯而言，好毒品是快感享用的基本辅助剂，但它们不应被不加区分地享用。快感是一件非常严肃的事情，不允许使用可能模糊被规训自我的快乐的高纯度鸦片制剂。福柯曾严重怀疑"加利福尼亚的自我崇拜"（Californian cult of the self），以及任何主张存在一个将被解放的"真正的"自我的理论，但同意尼采的看法："有一件事是必不可少的——性格'塑

---

[1] 参见'Michel Foucault, An interview: Sex, Power and the Politics of Identity', *The Advocate*, 400 (7 August 1984)。

七 死亡，不是失效

形'——一门伟大的罕见艺术"。[1]

在最后两年的法兰西公学院讲座中，在他的《性经验史》第二和第三卷中，福柯在提出一种迥然有别的东西：自我的积极创造和关切，以及快感的享用。"快感的享用"译自希腊语"chresis aphrodision"，被福柯描述为意指个人借以同时在性和社会的意义上管理自己的方式、管理他的行为的制度，以及他借以赋予性行为一种生命意义的方式。[2]福柯晚期作品的基础是关于忏悔方法和希腊哲学所谓的"真相告知"的希腊、罗马、早期基督教译本。[3]它们是对"欲望主体"这一概念的起源的一丝不苟的，甚至枯燥无味的探究，几乎没有他之前作品的敏锐洞察力。然而，倘若它们被结合以发表在同性恋报刊上的关于快感的享用的零散文章、晚期的访谈进行阅读，它们就会变为福柯的"生存美学"，以及它与准禁欲主义的自律意识和慎重的享乐主义相结合的有趣导言。

---

[1]　Friedrich Nietzsche, *The Gay Science*, trans. Walter Kaufmann (New York, 1974), p.232.

[2]　Michel Foucault, *L'Usage des plaisirs* (Paris, 1984), p.63; trans. by Robert Hurley as *The Use of Pleasure* (London, 1986).

[3]　Michel Foucault, *Le souci de soi* (Paris, 1984); trans. by Robert Hurley as *The Care of the Self* (London, 1988).

米歇尔·福柯

苏尔索瓦图书馆并不是福柯在巴黎的唯一工作地点。他也经常出入阿森纳图书馆（Bibliothèque de l'Arsenal）的"巴士底狱档案馆"（Bastille Archive），在那里他回到了一个旧项目上。16年前，他签下了一份合同，为皮埃尔·诺拉的"档案馆"系列图书撰写一部题为《进入巴士底狱》（*Les Embastillés*）的著作。虽然它从未被动笔，但福柯却未曾忘掉它。1980年，历史学家阿莱特·法尔热（Arlette Farge）惊奇地在邮件里收到了一个包裹。它装着福柯从阿森纳图书馆

七 死亡，不是失效

手抄的一批秘密逮捕令（lettres de cachet）的复印件。福柯在附信中咨询她对向国王提出这些请求是否合理的意见，即让某些人因为纵情酒色、挥金如土或者无法接受的关系，被无期限地囚禁在巴士底狱。对福柯而言，这些逮捕令的令人着迷之处在于它们并非像对秘密逮捕令的流行看法所想象的那样，表现专制的王权，而是表示挥霍无度的浪荡子的家人的要求。君主专制政体已然令十足的寒门获得了权力，那些家庭也准备运用它。他还陶醉于原文的纯粹之美，以及专业刀笔吏所写绪言的华丽风格与这些逮捕令本身非正式的、经常不合文法的风格之间的对照。他想知道，按照它们的原样、不加任何评论地出版它们会是一个好主意吗？

法尔热既感到荣幸又觉得困惑。她对福柯略有了解，非常欣赏他的《规训与惩罚》。他之所以接近她，是因为他曾读过她的作品《食品盗窃》（*Le Vol d'aliments*,1974）和《生活在 18 世纪巴黎的街道》（*Vivre dans la rue à Paris au XVIIIe siècle*,1979），前者在《规训与惩罚》中有被引用，后者利用阿森纳图书馆的档案资料描绘了一幅非常生动的 18 世纪巴黎街头生活图景。犹豫良久之后，法尔热最后致信福柯。她同意他对原文之美的看法，但建议说，虽然这些信件可以帮助恢复大众记忆，但它们确乎需要一个导言，以及至少最基本的注解。福柯回电话说他接受她的结论,并询问她是否愿意与他合作开展这个项目。这批信件变成了《家族的混乱》(*Le Désordre des familles*)。[1] 令人感动的是,有一条注释说到,这部著作是与秘书合著的,她打印了福柯所抄录的原始逮捕令。她没有活着看到它的出版。

1981年5月,弗朗索瓦·密特朗当选总统;6月,社会党在立法选举中获胜。二者合力结束了右翼政党的长期执政。之前的毛主义者和其他左派分子现在与政府关系密切,有时候被提供了政治职位。一如始终如一的左派分子奥康让所言,曾经穿中山装的那些人现在正在加入扶轮社。[2] 福柯什么也没有加入,仍然处于知识分子的反对状态。密特朗胜出的消息闪现在巨大显示屏上的时候,他身处巴士底狱之所在,非常满意于新政府的同性恋合法化和死刑的废除,但依旧对总统及其政府表示怀疑。两年后,福柯和他人的怀疑成为一场关于"知识分子的沉默"的辩论的焦点,知识分子们

---

[1]　*Le Désordre des familles. Lettres de cachet des Archives de la Bastille. Présenté par Ariette Farge et Michel Foucault* (Paris, 1982).

[2]　Guy Hocquenghem, *Lettre ouverte à ceux qui sont passés du col Mao au Rotary* (Paris, 1986).

七 死亡，不是失效

被政府发言人指责拒绝政治、拒绝考虑权力问题。[1] 人们似乎依然忘记，面对 1981 年底的权力问题，福柯显然既没有沉默，也没有漠不关心。

12 月 13 日，沃伊切赫·雅鲁泽尔斯基将军（General Wojciech Jarulzelski）宣布进入紧急状态，毁灭了一个自由民主的工会将获准在波兰发展的任何希望。1980 年夏天的罢工潮以来，波兰一直是法国的一项大众事业，在法国有很多人支持莱赫·瓦文萨（Lech Walesa）及其团结工会运动（Solidarność movement）。1981 年底，支持高涨。团结工会徽章畅销，福柯戴徽章达数月之久。皮埃尔·布迪厄（Pierre Dourdieu）和福柯草拟了一份声明，呼吁新的社会主义政府切勿重蹈前辈的覆辙。1936 年，社会主义政府拒绝向西班牙第二共和国（Republican Spain）运送武器；1956 年，社会主义政府对匈牙利镇压不闻不问。[2] 12 月 15 日上午的一次无线电广播期间，蒙当宣读了这份声明。他将现身奥林匹亚音乐厅；那天晚上，当他最后谢幕的时候，一面团结工会旗从舞

---

[1] Max Gallo, 'Les Intellectuels, la politique et la modernité', *Le Monde*, 26 July 1983.

[2] Pierre Bourdieu and Michel Foucault, 'Les Rendez-vous manqués', *Libération*, 15 December 1981.

台上空降了下来。政府说过不干预波兰内部事务，但的确采取了一些行动。总理皮埃尔·莫鲁瓦（Pierre Mauroy）取消了原定对华沙的正式访问。援助物资被送往了波兰。

世界医生协会（Médecins du Monde）也组织了救援车队，把一卡车一卡车的医疗设备和食品发送到华沙。16个车队中的最后一个是秋天出发的。面包车中有一辆除载有医药用品以外，还载有印刷设备和书籍。车上有五位乘客：米歇尔·福柯、西蒙·西涅莱、贝尔纳·库什内，以及两位来自世界医生协会的医生。五个人组成了一个愉快的乐队，一边向华沙长途跋涉，一边欢唱。他们的节目单包括联系着皮亚夫（Piaf）和蒙当的歌曲；让其同伴吃惊的是，福柯知道所有的歌词。令人遗憾的是，他五音不全。只有在他们一路舒心前行的时候，他才告诉了他的朋友们鲜有人知道的事：他曾在波兰生活过。他也非常高兴地讲述了他何以和为何被迫匆匆离开华沙。

华沙很糟糕。西涅莱注意到商店外面的队列甚至比她在法国占领区所见到的还要长，把他们居住的宾馆形容为挤满了"假妓女真间谍"。[1] 实际上，这个团队几乎什么也做不

---

[1] 援引自 Bernard Kouchner, 'Un vrai samurai', *Michel Foucault: une histoire de la vérité* (Paris, 1985), p.88。

七 死亡，不是失效

了。他们受到了卫生部长的接见，卫生部长感谢他们送来了医药用品，但当福柯拒绝与他握手时，他非常不悦。有关莱赫·瓦文萨健康的问询没有得到答复。这五个人没有在波兰久留，但他们"朝拜"了奥斯维辛集中营。他们默默地走过了集中营，在对被关押者点名的广场站了一会儿。库什内非常吃惊它是如此之小。不知何故，他想到了大屠杀的六百万受害者曾经站在那里。福柯从未言及他在那个广场感受为何。

1982年5月，一次新的巡回演讲之旅让福柯再次来到了纽约，然后到了多伦多。在这个加拿大城市，公共浴室和桑拿室已然因公共卫生之故被关闭。福柯的反应在《盖皮耶》一次访谈中得到了说明：不可能有妥协，同性恋者必须不让步。法律和警察应该与个人的性生活无关。在这一点上，不可能有妥协。[1] 然而，真正的威胁并不是来自警察。1981年7月3日，《纽约时报》刊登了一篇文章，标题是"在41位同性恋者身上发现了罕见的癌症"。第二年，《盖皮耶》第34期报道了第一波"卡波西肉瘤"（Kaposi's Sarcoma）病例，提到了"美国同性恋癌症"。一年之内，法国报告了27个相

---

[1] 'Foucault: Non aux compromis', *Dits et écrits*, vol. IV, pp.336–337.

似病例。很多人,尤其是在同性恋社区内部,对这个消息表示怀疑。一种疾病可能侵袭被其性取向界定的特定群体这一思想似乎非常可笑,福柯本人也嘲笑"同性恋癌症"这一概念。1983年10月和11月,他在伯克利讲学,在那里他就"真相告知"做了一个六次讲座的系列讲座。一如既往,也有时间与学生进行更为放松的谈话,经常是一边喝咖啡一边谈。一次这样的谈话转到了艾滋的话题,福柯以显著的虚张声势说道:"倘若和男人的性行为给予我快感……当我可能死于车中的时候,我怎么可能害怕艾滋呢?"回想起来,这样的看法听起来草率到了愚蠢的地步,但激发它们的情绪在当时是被广泛共享的。《盖皮耶》刊登了一篇文章,标题是:"性交因此是危险的,是吗?那么过马路又怎么样呢?"[1]

回到巴黎后不久,福柯遇到了老友、他的多部著作的译者艾伦·谢里登(Alan Sheridan)。他们已有一些年头没见面了,谢里登极其惊讶地发现,他的朋友看起来比实际年龄老了十岁,而且消瘦了很多。福柯对自己出了什么状况没有概念,他咨询过的医生同样如此。谢里登和福柯确曾讨论了

---

[1] 援引自 Philip Horvits, 'Don't cry for me, Academia', *Jimmy and Lucy's House of K 2*, August 1984, p.80; 援引自 Gregory Woods, 'La Fin d'Arcadie: *Gai Pied* and the "Cancer gai"', *French Cultural Studies*, IX (1998), p.299。

七 死亡,不是失效

艾滋的可能性,但福柯打消了这种想法。[1] 他总是身体很健康,成年后并没有患过任何重大疾病的记录,但 1982 年夏天,他确实开始患持续性鼻窦炎,抱怨感到疲倦。这并未阻止他在 1983 年春去安达卢西亚(Andalucia)度假,或者继续负重锻炼。然而,他的状况的确开始敲响警钟了。1984 年 3 月 28 日,他在法兰西公学院就"真相的勇气"做了他的最后一次讲座。他太疲倦太虚弱了,无法继续。尽管如此,他校正了他即将出版的著作的校样,并且在巴黎棚户区居民遭到驱逐时依然非常愤怒,为抗议请愿书签了名。

1983 年 12 月,福柯的状况迫使他去做了肺部检查。抗生素使病情有所缓解。他并没有要求任何诊断,因此没有被诊断。1984 年 6 月 3 日,他在家里昏倒了,在他弟弟的建议之下,立即住进了一家私人诊所进行治疗。六天之后,他被转移到了萨伯特(Salpetrière,又译萨尔佩特里埃)医院的神经内科病房。6 月 10 日被转移至重症监护室之后,他的病情略有缓解。在随后的两周,他的状况的确有所好转。当检查和扫描使他不能在电视上观看网球的时候,他还在谈在普瓦

---

[1] Alan Sheridan, 'Diary', *London Review of Books*, 19 July–1 August 1984, p.21.

捷附近买房的事，接待探访者，牢骚满腹。他看到了他新书的最初评论。让他高兴的是，德勒兹的一封来信标志着他们和解了。6月初的希望被证明是假象；1984年6月25日，米歇尔·福柯去世。

福柯入院治疗的消息一出，关于他身体状况的谣言便开始传播。既然他已死，谣言变得更加不可理喻了。为了制止谣言，他的医生和家人采取了极不寻常的措施，发表了一份关于死因的声明。福柯罹患的是败血症，它导致了严重的神经系统并发症，蔓延到了大脑。

据悉福柯的葬礼将是完全私人的，灵柩正式运离医院将是很多人最后告别的唯一机会。6月29日，周五，一群人聚集在萨伯特医院太平间外的院子里。福柯一生中不同时期的朋友相聚在一起：来自与监狱信息小组并肩战斗的激进时期和在古德多的同志、来自伽利玛出版社和塞伊出版社（Seuil）的代表、国家图书馆主任。乔治·杜梅泽尔设法安慰他女儿，她是福柯的教女；蒙当扶着几近崩溃的西蒙·西涅莱。莫里亚克与他女儿纳塔莉（Natalie）一起在哀鸣，她曾在5月30日与福柯共进晚餐，并对她看到他所处的状况感到震惊。三支红玫瑰被放在了灵柩上，还有一张仅仅写有"马蒂厄、艾尔维、丹尼尔"的卡片。德勒兹朗读了《快感的享用》

七　死亡，不是失效

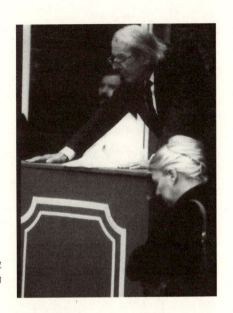

福柯的灵柩被从医院抬出来放上殡仪车的时候，吉尔·德勒兹在朗读《性经验史》的一段绪论。

灵柩被密封抬上了一辆殡仪车，以开始回到旺德夫勒·迪·普瓦图（Vendeuvre-du-Poitou）的最后旅程，在那里他被埋葬在望得见勒皮诺阿的地方。仪式有几分折中的意味。比其长子多活了两年的福柯夫人希望有一个宗教仪式，但德菲尽可能礼貌地提出了异议。福柯是由米歇尔·阿尔巴里克埋葬的。深知这一情势的微妙，他建议举行一个

"赦免仪式"(service of absolution),而不是完全的安灵弥撒(Requiem Mass),于是精心安排了一个祷告、默哀和冥思的组合。时辰到的时候,他一边把玫瑰投进墓穴一边说道:"愿上帝与你同在,米歇尔"。

提供福柯死因的新闻稿未能阻止谣言传播。虽然它是被刊登在《世界报》和别处,但新闻界在随后的几年将福柯之死归结于各种各样的原因。一些报纸——《人道报》(*L'Humanité*)、《观点报》(*Le Point*)、《费加罗报》(*Le Figaro*)——并未报道死亡的具体原因,而《十字架报》(*La Croix*)提到了脑肿瘤。在英国,《泰晤士报》仅仅报道了福柯"突然去世",而《卫报》提及了一种"罕见的脑部感染"。《纽约时报》报道了一种"神经性紊乱",但也声明了"他的死因并未立即公开"。6月26日,《解放报》(*Libération*)出版了一期"福柯"专号。它刊登了认识他的很多人的由衷敬意和回忆。它也刊登了一则没有署名的按语,批评他死于艾滋这一谣言:"好像一位出类拔萃的知识分子因为他也是同性恋者——是的,一位谨言慎行的同性恋者——便是这种时髦疾病的理想目标……好像福柯不得不死得很丢脸。"没有比这更加不得体的评论了。现在,福柯1973年帮助创办的这份报纸正在证实它曾宣称要消除的谣言,正在以匿名为幌子

七 死亡,不是失效

暗示他的死亡,甚至他的同性恋,在一定程度上是"不体面的"。一如愤怒的奥康让日后评论的那样,该报背信弃义去暗示真正的死因,而不说它到底在干什么。奥康让也在1988年死于艾滋病,但他把自己的疾病视为私事一桩:并没有患艾滋病者"公开同性恋身份"的绝对命令。[1]

《解放报》已然无意中或者以其他方式引发了一场令人不快的争论。甚至更加令人厌恶的谣言也在流传。据说福柯知道他患了艾滋,曾成心地、故意地把病毒传给了他的性伙伴。当然,这样的谣言属于围绕艾滋病而起的民间传说的一部分。事件的一个同样险恶的版本是由福柯的老朋友让-保罗·阿隆发表的。1986年1月,阿隆被诊断为艾滋病病毒(HIV)阳性。差不多一年之后,他在《新观察家》发表了一篇长文介绍他的状况。[2]《我的艾滋病》(Mon SIDA)既无畏又感人,是由"著名人物"发表的第一个艾滋病故事。虽然阿隆很有风度地承认,他对《词与物》的恶评是受到了嫉妒的驱使,但他也声称福柯总是耻于他的同性恋,以及因为他还耻于他的疾病的性质,他一直对之保持缄默。这一传

---

[1] Hocquenghem, *Lettre ouverte*, p.119.

[2] Jean-Paul Aron, 'Mon SIDA', *Le Nouvel Observateur*, 30 October 1987.

闻继续流传。1999年3月2日在《人道报》上撰文时，专栏作家雷吉娜·德福尔热（Régine Desforges）讲到了福柯去世不曾"承认"他的疾病的性质，对比了他的懦弱与阿隆，以及奥康让和埃尔维·吉贝尔等后来受害者的勇敢，因为阿隆等人具有"说出什么杀害了他们的勇气"。

精确地判定某个人以什么方式、在什么地方和什么时候感染了艾滋病病毒是不可能的，除非这个人拥有的性经验和性伙伴为数很少。准确地判定福柯晚年对他的状况有什么了解几乎同样是不可能的。事实上，可以了解到的几乎没有。到1984年7月，法国报告了180例艾滋病，有74例死亡。每周报告新增加五例。病例中九成都感染了同性恋男子，而这些男子九成都生活在巴黎。关于他们到底怎么了，他们的医生几乎一无所知。1983年5月，一种可能的病毒原因已然得到确定和分离，但直到第二年，艾滋病病毒和艾滋病之间的联系才被建立。临近1984年底的时候，一种艾滋病病毒测试被设计了出来，但直到1985年中，才被投入普遍使用。换言之，福柯不可能做任何艾滋病病毒测试。即使他能够做测试，对他来说也没什么可做的。医生给他开的抗生素只不过可以缓解他的一些症状而已。直到1987年，葛兰素史克

七 死亡,不是失效

公司(GlaxoSmithKlein)才被许可销售第一种高效抗艾滋病病毒药物。

福柯不可能对他的状况有太多了解,但有一些轻微的迹象表明,他的确知道患了什么严重疾病。1982年9月,当他旅行到波兰的时候,他留下了一封"将在意外发生时被打开"的信。他去世没有留下专门的遗嘱,这封信被解释为他的遗愿的表达。其条款非常简单。公寓及其内中物品归丹尼尔·德菲,"没有遗作"。更加让人琢磨不透的是,它还写有"死亡,不是失效"。

1990年,进一步的丑闻爆发,当时艾尔维·吉贝尔出版了他的小说《致没有救我命的朋友》(*A L'Ami qui ne m'a pas sauvé la vie*)。就像吉贝尔的所有小说一样,它在很大程度上是自传性的,但它也描绘了一幅令人不安的福柯画像,让很多人感到震惊。福柯显而易见地被化装成穆齐尔(Muzil),而德菲被化装成斯特凡纳(Stéphane)。"穆齐尔"这个名字直接暗指罗伯特·穆齐尔(Robert Muzil)和他的《没有个性的人》(*Man Without Qualities*)——福柯和德菲都喜欢的一本小说。"穆齐尔"这个人肯定知道他患有什么病,似乎盼望着他自己的死亡,好像它是某种隐晦的神圣理想一样。然而，吉贝尔小说的最令人不安的地方、最具诽谤性的地方不是这个，而是它对一个男人的描写：他"极为喜欢桑拿室中的暴力狂欢"，他悄悄地在深夜溜出去，身着皮衣去共和国广场附近的著名同性恋酒吧勒·凯勒（Le Keller）寻找"受害者"。[1] 这个男人在加利福尼亚发现了施虐受虐之乐，在他寓所里保留着鞭子和链子。实际上，对施虐受虐狂的福柯的揭示并不如很多读者所想象的那样令人吃惊：在20世纪80年代的一些访谈中，福柯暗示过他的性取向，虽然它们当时的确不是很容易查找。人物描写的总体准确性是很难辩驳的，虽然细节无疑有夸张。1983—1984年间，吉贝尔与福柯在一起待了很长时间，小说中的段落显然是基于他在1976—1991年间所保存的期刊的条目；1991年，他也死于艾滋病。[2]

1984年秋，丹尼尔·德菲建立了法国第一个艾滋病患者协会"艾滋病"（AIDES），把他的精力和组织才能倾注于新的活动之中。双关语是故意的：它暗指法国人所谓的"SIDA"（艾滋病）的英语表达，以及对动词"aider"（帮助）

---

[1] Guibert, *A L'Ami qui ne m'a as sauvé la vie*, [[AQ: place/date?]] pp.117–118.

[2] Hervé Guibert, *Le Mausolée des amants: Journal 1976–1991* (Paris, 2001).

七　死亡，不是失效

的借用。它的成立旨在为艾滋病病毒和艾滋病受害者提供物质、经济，尤其是道义支持。评论阿隆对福柯的假想耻辱的评论的时候，德菲说道："倘若我们一如阿隆所言的那样感到耻辱，我就绝不会创建'艾滋病'。"[1]

---

[1] 'Daniel Defert: plus on est honteux, plus on avoue', *Libération*, 31 October–1 November 1987, p.2.

主要参考书目

福柯著作

Maladie mentale et personnalité (Paris, 1954)

'Introduction' to Ludwig Binswanger, *Le Rêve et l'existence*, trans. Jacqueline Verdeaux (Paris, 1954)

Folie et déraison: histoire de la folie à l'âge classique (Paris, 1961)

Maladie mentale et psychologie (Paris, 1966)

Naissance de la clinique: une archéologie de regard médical (Paris, 1963)

Raymond Roussel (Paris, 1963)

Les Mots et les choses: une archéologie des sciences humaines (Paris, 1966)

L'Archéologie du savoir (Paris, 1969)

L'Ordre du discours (Paris, 1970)

'Présentation', *Moi, Pierre Rivière, ayant égorgé ma mère, ma sœur et mon frère...un cas de parricide au XIXe siècle présenté par Michel Foucault* (Paris, 1973)

Surveiller et punir (Paris, 1975)

Histoire de la sexualité, 1: la volonté de savoir (Paris, 1976)

'Note', *Herculine Barbin dite Alexandre B, présenté par Michel Foucault* (Paris, 1978)

Le Désordre des familles: lettres de cachet des Archives de la Bastille. Présenté par Arlette Farge et Michel Foucault (Paris, 1982)

Histoire de la sexualité, 2: l'usage de plaisirs (Paris, 1984)

Histoire de la sexualité, 3: le souci de soi (Paris, 1984)

'Il Faut défendre la société': cours au Collège de France, 1976 (Paris, 1977)

Les Anormaux: cours au Collège de France, 1974–1975 (Paris, 1999)

L'Herméneutique du sujet: cours au Collège de France, 1981–1982 (Paris, 2001)

Le Pouvoir psychiatrique: cours au Collège de France, 1972–1973 (Paris, 2003)

在福柯生前，他的零星写作从未用法语结集出版。除部分未经授权出版的材料之外，他的已然出版过的未曾结集的文本，现在悉数收入了四卷本的《言论与写作集》：*Dits et érits: edition établie sous la direction de Daniel Defert et François Ewald* (Paris, 1994)

福柯著作英译本

Madness and Civilization: A History of Insanity in the Age of Reason, trans. Richard Howard (London, 1967)

Mental Illness and Psychology, trans. Alan Sheridan (Berkeley, CA, 1987)

The Birth of the Clinic: An Archaeology of Medical Perception, trans. Alan Sheridan-Smith (London, 1973)

Death and the Labyrinth: The World of Raymond Roussel, trans. Charles Ruas (London, 1987)

The Order of Things (London, 1971)

The Archaeology of Knowledge, trans. A. M. Sheridan Smith (London, 1972)

I, Pierre Rivière, Having Slaughtered My Mother, My Sister and My Brother..., trans. Frank Jellinek (New York, 1975)

Discipline and Punish, trans. Alan Sheridan (London, 1977)

The History of Sexuality, 1: An Introduction, trans. Robert Hurley (New York, 1978)

Herculine Barbin; Being the Recently Discovered Memoirs of a Nineteenth-Century French Hermaphrodite, trans. Richard McDougall (Brighton, 1980)

The Use of Pleasure: The History of Sexuality, Volume 2, trans. Robert Hurley (London, 1988)

The Care of the Self: The History of Sexuality, Volume 3, trans. Robert Hurley (London, 1988)

'Society Must Be Defended': Lectures at the Collège de France, 1975–76, trans. David Macey (London, 2003)

Abnormal: Lectures at the Collège du France, 1974–75, trans. Graham Burchell (London, 2003)

Michel Foucault and Ludwig Binswanger, *Dream and Existence*, ed. Keith Hoeller (Atlantic Heights, NJ, 1993)

多个小篇幅的作品和访谈集子已经有英语译本。除一个以外,它们现在已经被一个三卷本的《基本著作》(*Essential Works*) 取代。

Lawrence D. Kritzman, ed., *Michel Foucault: Politics, Philosophy, Culture: Interviews and Other Writings, 1977–1984* (London and New York, 1988)

Paul Rabinow, ed., *Ethics: Subjectivity and Truth, The Essential Works of Foucault, 1954–1984, Volume 1* (London, 1997)

James D. Faubion, ed., *Aesthetics, Method and Epistemology: Essential Works of Foucault, 1954–1984, Volume 2* (London, 1998)

—, *Power: Essential Works of Foucault, 1954–1984*, Volume 3 (London, 2001)

福柯研究著作

关于米歇尔·福柯的文献现在已经多到几近无法操控的程度,

而且正呈现出日益专业化的趋势。以下所列书目全都包括介绍性材料。

James W. Bernauer, *Michel Foucault's Force of Flight: Towards an Ethics for Thought* (Atlantic Heights, NJ, and London, 1990)

Jeremy R. Carrette, *Foucault and Religion: Spiritual Corporality and Political Spirituality* (London and New York, 2000)

Irene Diamond and Lee Quinby, eds., *Foucault and Feminism: Reflections on Resistance* (Boston, MA, 1988)

Hubert L. Dreyfus and Paul Rabinow, *Michel Foucault: Beyond Structuralism and Hermeneutics* (Hemel Hempstead, 1982)

Simon During, *Foucault and Literature: Towards a Genealogy of Writing* (London and New York, 1992)

Didier Eribon, *Michel Foucault,* trans. Betsy Wing (Cambridge, 1991)

Gary Gutting, *Michel Foucault's Archaeology of Scientific Reason* (Cambridge, 1989)

David M. Halperin, *Saint Foucault: Towards a Gay Hagiography* (New York, 1995)

David Couzens Hoy, ed., *Foucault: A Critical Reader* (Oxford, 1986)

Colin Jones and Roy Porter, eds, *Reassessing Foucault: Power, Medicine and the Body* (London and New York, 1994)

Macey, David, *The Lives of Michel Foucault* (London, 1993)

Ricardo Miguel-Alfonso and Silvia Caporale-Bizzini, *Reconstructing Foucault: Essays in the Wake of the '80s* (Amsterdam and Atlanta, GA, 1994)

Sarah Mills, *Michel Foucault* (Londan, 2003)

John Rajchman, *Michel Foucault: The Freedom of Philosophy* (New York, 1985)

Alan Sheridan, *Michel Foucault: The Will to Truth* (London, 1980)

因特网 [1]

以下网址可提供高质量的信息、参考文献及网络链接。

http://www.theory.org.uk/foucault

http://www.thefoucauldian.co.uk

http://foucault-info

http://www.foucault.qut.edu.au

---

[1] 此为当时作者提供的参考网站,现今部分网站因某些原因无法登录或域名变动。——编辑注

图片致谢

本书作者和出版社向下列插图资料提供并/或允许复制者，表示诚挚的谢意：

David Macey, p. 115

J. Bauer/©Jerry Bauer/Opale, P. 119

Daniel Defert, p. 50

Fonds Centre Michel Foucault/Archives IMEC, p. 50, p. 77, p. 96

©FOTOLIB: p. 100

Photo12.com/Carlos Freire, p. 123

Sipa Press/Rex Features, p. 6, p. 80, p. 101, p. 136, p. 142